Klett Lektürehilfen

Friedrich Dürrenmatt

Der Richter und sein Henker

Interpretationshilfe für die 8.–10. Klasse

von
Elisabeth Kaltenbach

Klett Lerntraining

Elisabeth Kaltenbach, Gymnasiallehrerin für Deutsch und Englisch,
Studiendirektorin an einem Weiterbildungskolleg in Düsseldorf.

Die Textzitate folgen der Ausgabe: Friedrich Dürrenmatt: Der Richter und sein Henker. Kriminalroman. Mit zahlreichen Fotos aus dem Film und einem Anhang. Zürich: Diogenes 1985.

Bibliografische Information der Deutschen Nationalbibliothek
Die Deutsche Nationalbibliothek verzeichnet diese Publikation in der Deutschen Nationalbibliografie; detaillierte bibliografische Daten sind im Internet über http://dnb.dnb.de abrufbar.

Dieses Werk folgt der reformierten Rechtschreibung und Zeichensetzung. Ausnahmen bilden Texte, bei denen künstlerische, philologische oder lizenzrechtliche Gründe einer Änderung entgegenstehen.

4. Auflage 2024

www.klett-lerntraining.de
Umschlagfoto: AKG/Niklaus Stauss
Kapitel Schnellcheck: Klett Lerntraining, Stuttgart
Satz: DOPPELPUNKT, Stuttgart
Druck: Plump Druck & Medien GmbH, Rheinbreitbach
Printed in Germany
ISBN 978-3-12-923129-6

1 Inhaltsangabe und erste Deutungsaspekte

2 Analyse und Interpretation

3 Schnellcheck

4 Prüfungsaufgaben und Lösungen

1 Inhaltsangabe und erste Deutungsaspekte

Handlung

Der Roman *Der Richter und sein Henker* ist in 21 Kapitel von unterschiedlicher Länge eingeteilt. Die Handlung, das heißt der Kriminalfall und seine Entwicklung, wird zwar linear erzählt, aber einzelne Kapitel können aufgrund ihrer unterschiedlichen Funktionen zu den nachfolgend bezeichneten sieben Erzählphasen zusammengefasst werden.

Der Anfang: Ein Mord

Erstes Kapitel

KURZINFO

Tod eines Polizisten
- Dorfpolizist Clenin findet die Leiche eines Berner Polizeileutnants.
- Kommissar Bärlach übernimmt die Ermittlungen.

Clenin findet den toten Polizisten Schmied

Der Roman beginnt nach einem bekannten Muster: Am Morgen des 3. November 1948 findet der Polizist Alphons Clenin in der Nähe des Dorfes Lamboing im französischsprachigen Teil der Schweiz die Leiche eines Mannes. Nach einer kurzen Untersuchung des in einem blauen Mercedes am Straßenrand befindlichen Toten, der offensichtlich erschossen wurde, stellt Clenin fest, dass es sich um den Polizeileutnant Ulrich Schmied aus Bern handelt.

Im Folgenden ergibt sich allerdings schon eine Abweichung vom üblichen Schema: Anstatt den Tatort zu sichern und so wenig wie möglich zu verändern, entschließt sich der aufgeregte und von einem solchen Kapitalverbrechen merklich überforderte Dorfpolizist, die Leiche wegzufahren. So schnallt er den Toten auf dem Beifahrersitz fest und fährt mit dem Wagen in Richtung Biel. Dabei ist er aufgrund des Nebels im Schritttempo inmitten einer Fahrzeugkolonne unterwegs, was ihn an einen „Leichenzug“ (6) denken lässt.

Bärlach übernimmt die Ermittlungen

Von Biel aus wird die Untersuchung des Verbrechens eingeleitet, während in Bern Schmieds Vorgesetzter, Kommissar (im Originaltext stets: Kommissär) Bärlach, die Leitung der Ermittlungen übernimmt. Als erstes verfügt dieser eine Informationssperre und steht damit im Widerspruch zu seinem Vorgesetzten, Dr. Lucius Lutz, der sich – nach Fortbildungen bei der New Yorker und Chicagoer Polizei – als notwendiger Erneuerer der in seinen Augen erschreckend rückständigen Berner Polizeiarbeit sieht. Bärlach hingegen, ein Mann „über sechzig“ (10), scheint ein ausgeprägter Individualist ohne Furcht vor Autoritäten zu sein, was durch den Hinweis auf seine bewegte Vergangenheit deutlich wird (u. a. ohrfeigte er während seiner Dienstzeit in Frankfurt einen hohen nationalsozialistischen Beamten).

Bärlach nimmt Schmieds Unterlagen an sich

Kommissar Bärlach begibt sich zunächst zum Haus von Frau Schönler, wo der getötete Schmied zur Untermiete wohnte. Unter dem Vorwand, Schmied sei plötzlich verreist und Bärlach müsse ihm Unterlagen nachschicken, lässt sich der Kommissar in Schmieds Zimmer bringen und nimmt eine Dokumentenmappe vom Schreibtisch mit.

Zweites Kapitel

KURZINFO

Bärlachs erste Schritte

- Auseinandersetzung mit dem ungeduldigen Dr. Lutz
- Besichtigung des Tatorts; Auffinden einer Revolverkugel

Beim Mittagessen geht Kommissar Bärlach Schmieds Unterlagen durch und begibt sich dann ins Büro, wo ihn Dr. Lutz zu einem Gespräch erwartet. Inzwischen ist auch der tote Schmied nach Bern gebracht worden, Bärlach will ihn jedoch nicht mehr sehen, „denn er liebte Tote nicht und ließ sie daher meistens in Ruhe“ (13). Bärlach betritt Dr. Lutz’ Büro mit brennender Zigarre – wohl wissend, dass sich dieser darüber ärgert. Der Klage seines Vorgesetzten, dass noch nichts geschehen und die Arbeit der Dorfpolizei erschütternd sei (vgl. 14), begegnet Bärlach ruhig mit der Äußerung, dass er bereits einen Verdacht habe, diesen aber noch nicht äußern wolle. Schließlich bittet er Lutz mit Hinweis auf seine angegriffene Gesundheit um die Unterstützung des Beamten Tschanz, der zu diesem Zweck aus dem Urlaub zurückbeordert werden muss. Lutz, der offensichtlich viel von dem ehrgeizigen Tschanz hält, willigt ein.

Bärlach möchte Tschanz als Mitarbeiter

Am Nachmittag fährt Bärlach mit dem Beamten Blatter zum Tatort, wo er den ängstlichen und Kritik an seiner Vorgehensweise fürchtenden Clenin trifft. Bärlach beruhigt ihn mit den Worten, er habe richtig gehandelt. Bevor der Kommissar mit den Beamten den Tatort verlässt, tritt er auf etwas Hartes: Es ist eine Revolverkugel – „nur Zufall“ (17), wie Bärlach gegenüber dem staunenden Clenin äußert.

Drittes Kapitel

KURZINFO

Tschanz erscheint

- Bärlach entdeckt die Ähnlichkeit zwischen Tschanz und Schmied.
- Tschanz ist überrascht von Bärlachs unwissenschaftlicher Vorgehensweise.
- Bärlach verschweigt Tschanz seinen Verdacht.

Am nächsten Morgen studiert Bärlach, der aufgrund seiner gesundheitlichen Probleme eine schlechte Nacht hatte, weiter Schmieds Mappe, als Tschanz eintritt. Der Kommissar erschrickt zunächst, da Tschanz mit seinem Mantel und Filzhut Schmied sehr ähnlich sieht, nur sein Gesicht, ein „gutmütiges, volles Antlitz“ (18), ist anders.

Tschanz berichtet von seinen Untersuchungen

Bärlach lobt den getöteten Schmied in den höchsten Tönen als den begabtesten Kriminalisten, den er kennengelernt habe, worauf Tschanz eher zurückhaltend reagiert. Als Bärlach Tschanz die Revolverkugel zeigt und sagt, man wisse noch nicht viel über die Umstände von Schmieds Tod, stellt sich heraus, dass Tschanz bereits ein Szenario entworfen hat, wie Schmied getötet worden sein könnte. Außerdem hat er weitere Indizien parat: So hat er z. B. entdeckt, dass Schmied zum Zeitpunkt seines Todes einen vornehmen Gesellschaftsanzug trug, in seinem kleinen Taschenkalender mehrmals Termine mit dem Buchstaben G notiert hatte und dass er zu diesen Terminen jeweils im Frack mit seinem Mercedes losgefahren sei – so eben auch am Abend seines Todes. Bärlach tut erstaunt ob der vielen Informationen, die Tschanz über Schmied bereits gesammelt hat, und gibt zu, dass ihn eigentlich nur Schmieds Mörder interessiere. Tschanz' Verunsicherung steigert der Kommissar noch dadurch, dass er sich als „große[n] alte[n] schwarze[n] Kater, der gern Mäuse frißt" (21) bezeichnet.

Bärlach hat einen Verdacht

Mit dem Hinweis auf ihre enge Zusammenarbeit versucht Tschanz, etwas über Bärlachs Verdacht, wer der Mörder sein könnte, herauszubekommen. Bärlach verweigert die Auskunft jedoch mit der Bemerkung, dies sei kein „kriminalistisch wissenschaftlicher Verdacht" (21); er möchte die Untersuchung durch Tschanz abwarten. Dieser akzeptiert letztlich Bärlachs Haltung und kündigt an, an diesem Abend in Richtung Lamboing fahren zu wollen, da Schmied in seinem Kalender wieder ein G eingetragen hatte. Er fragt Bärlach eher beiläufig, ob dieser ihn begleiten wolle, und ist überrascht, als Bärlach zusagt.

Auf Spurensuche

Viertes Kapitel

KURZINFO

Die Fahrt nach Lamboing

- Tschanz betritt zum ersten Mal Bärlachs Haus.
- Er und Bärlach versuchen, Schmieds Weg nachzuvollziehen.

Tschanz bei Bärlach im Haus

Abends fährt Tschanz zu Bärlachs Haus, um ihn abzuholen. Nachdem auf sein Hupen niemand reagiert und er auch keine Türklingel findet, stellt er fest, dass die Haustür nicht abgeschlossen ist, und betritt Bärlachs Wohnung. Als er einen Lichtstrahl sieht, geht er in das Zimmer und sieht Bärlach, anscheinend schlafend, im Mantel auf einem Diwan liegen. Das Zimmer ist voller Bücher und auf dem Schreibtisch liegt eine eherne Schlange, die sich bei näherem Hinsehen als scharfes Messer erweist. Bärlach, nun wach, erzählt Tschanz, dass er einmal in Konstantinopel (dem heutigen Istanbul) mit diesem Messer fast getötet worden sei; ferner bestätigt er nachdrücklich, dass er keine Klingel habe und seine Haustür immer unverschlossen sei.

Die beiden fahren los, wobei Tschanz einen für Bärlach ungewöhnlichen Weg nimmt. Während der Fahrt lobt Bärlach wieder Schmied, in diesem Fall dessen vorsichtige Fahrweise. Der offensichtlich ungehaltene Tschanz erwähnt, dass Schmied seinem Auto einen ungewöhnlichen Namen gegeben habe. Bärlach bestätigt dies: „‚Er nannte seinen Wagen den blauen Charon', antwortete Bärlach." (26) Als er Tschanz die Herkunft des Namens erklärt (Charon ist in der griechischen Mythologie der Fährmann, der die Toten über den Fluss Styx in die Unterwelt fährt), erregt sich Tschanz darüber, dass Schmied aus reichem Elternhaus stammte und – im Gegensatz zu ihm selbst – ein Gymnasium besuchen konnte.

Tschanz und Bärlach fahren Schmieds Weg nach

Tschanz hält nun an mehreren Tankstellen, um zu erfahren, ob vor zwei Tagen ein Autofahrer gehalten habe, der sein Auto den ‚blauen Charon' nannte. Schließlich erinnert sich ein Tankwart an Schmied. Tschanz sieht dies triumphierend als Beweis, dass Schmied diesen Weg genommen habe. Es ist inzwischen dunkel, aber der wieder verunsicherte Tschanz findet mit Hilfe eines Spaziergängers den richtigen Weg durch einen Wald zur Straße von Twann nach Lamboing. Hier hält er den Wagen an, stellt den Motor ab und löscht die Scheinwerfer: „Jetzt warten wir. Es ist zwanzig vor acht." (28)

Fünftes Kapitel

KURZINFO

Das gesuchte Haus

- Tschanz erläutert seinen Verdacht.
- Sie finden das Haus von G(astmann).

Nach einiger Zeit des Wartens fragt Bärlach Tschanz, was er vorhabe. Tschanz erläutert, dass es an dem Ort, an dem Schmied bereits vorher war, an diesem Abend wieder irgendeine größere Abendgesellschaft geben müsse und dass er hoffe, diesen Ort zu finden. Im weiteren Gespräch bekundet Tschanz Respekt vor dem Mörder und gibt auf Bärlachs Nachfrage an, er hoffe, ihn zur Strecke zu bringen.

Das Haus, das Schmied aufgesucht hat

Als kurz darauf mehrere dunkle Limousinen am Wagen der Polizisten vorbeifahren, folgt ihnen Tschanz. Nach kurzer Zeit erreichen sie über einen Feldweg ein von Pappeln umringtes, einsam dastehendes Haus, vor dem die Limousinen halten und das die Insassen betreten. Bärlach und Tschanz machen sich zu Fuß auf den Weg in Richtung Haus und kommen an ein Gittertor, an dem ein Schild mit einem großen G befestigt ist. Triumphierend verlangt Tschanz nun eine Zigarre von Bärlach: Er habe mit seinem Verdacht ins Schwarze getroffen. Selbst die Auflösung für das G hat er parat, weil er bereits im Telefonbuch nachgeschaut hat: Es müsse für den Namen Gastmann stehen, da es nur zwei G im Ort gebe und das andere die Gendarmerie sei. Auf Tschanz' Bemerkung, Bärlach glaube doch wohl nicht, dass ein Gendarm Schmied getötet habe, antwortet Bärlach nur vielsagend: „Es ist alles möglich, Tschanz." (31)

Sechstes Kapitel

KURZINFO

Begegnungen

- Bärlach wird von einem großen Hund angefallen.
- Tschanz erschießt den Hund.
- Der Zutritt zum Haus wird ihnen verwehrt.
- Gastmanns Anwalt von Schwendi verspricht zu kooperieren.
- Tschanz befragt den Dorfpolizisten im Wirtshaus.

Tschanz tötet den Hund, der Bärlach angreift

Bärlach und Tschanz trennen sich, um sich das Haus näher anzusehen. Dem Kommissar geht es nicht gut, sein Magen macht ihm wieder zu schaffen. An der Hinterseite des Hauses bemerkt er erleuchtete Fenster und hört jemanden auf einem Flügel spielen. Plötzlich steht vor ihm ein riesiger Hund, der ihn anfällt und zu Boden reißt. Bärlach versucht mit dem linken Arm seine Kehle zu schützen, und gerade noch rechtzeitig fällt ein Schuss: Tschanz taucht auf, er hat den Hund getötet. Bärlach sagt, dass Tschanz ihm das Leben gerettet habe, und gibt zu, dass er selbst nur sehr selten eine Waffe trage.

Inzwischen sind die Fenster des Hauses geöffnet worden und Gäste in Abendgarderobe schauen heraus; ein Mann fragt die beiden, was sie da täten. Nachdem Bärlach sich als Polizist zu erkennen gegeben hat und angibt, Herrn Gastmann sprechen zu wollen, lehnt der Mann – vermutlich Gastmann selbst – dieses Ansinnen ab und schließt das Fenster wieder. Die Gäste tun es ihm gleich – nicht ohne vorher noch ihrer Empörung über die Polizisten Ausdruck verliehen zu haben.

Gastmanns Anwalt von Schwendi

Als Bärlach und Tschanz zum Vordereingang zurückgehen, treffen sie dort auf einen einzelnen Mann, der sie barsch anspricht und sich als Nationalrat Oberst von Schwendi vorstellt und die beiden Polizisten zunächst für politische Demonstranten hält. Nachdem Bärlach das Missverständnis aufgeklärt und erläutert hat, dass sie Gastmann im Fall des ermordeten Schmied sprechen müssten, verspricht der nun freundlichere von Schwendi, der gleichzeitig Gastmanns Anwalt ist, dass er mit seinem Mandanten sprechen und am nächsten Morgen in das Polizeibüro kommen werde. Bevor er ins Haus zurückgeht, lässt er sich noch eine Fotografie von Schmied geben.

Tschanz teilt Bärlach mit, dass er noch einmal nach Lamboing fahren wolle, um sich mit dem dortigen Polizisten über Gastmann zu unterhalten. Bärlach ist einverstanden – er selbst möchte ins nahe gelegene Gasthaus gehen: „Ich muß etwas für meinen Magen tun.“ (39)

Tschanz befragt Polizisten zu Gastmann

Tschanz findet Charnel, den Polizisten von Lamboing, im Wirtshaus, wo er mit seinem Twanner Kollegen Clenin sitzt. Auf Tschanz' Fragen teilt Charnel ihm mit, dass es noch keine neuen Ergebnisse in der Morduntersuchung gebe; Schmied könne aber unmöglich bei Gastmann gewesen sein, dieser kenne ihn auch gar nicht. Auf die Frage nach weiteren Zeugen erwidert Charnel, dass er bereits einen Schriftsteller befragt habe, der häufig, so auch am fraglichen Mittwoch, bei Gastmann sei und diesen gut kenne. Aber auch er habe nichts von einem Schmied gewusst.

Tschanz will den Schriftsteller und auch Gastmann auf jeden Fall noch selbst befragen. Charnel, der nur gebrochen Deutsch spricht, zeichnet ein durchaus positives Bild von Gastmann, den er einen Philosophen nennt: „Ein Mann, der viel denken und nichts machen.“ (41) Offensichtlich ist Gastmann so reich, dass er nicht arbeiten muss und sogar die Steuern für das ganze Dorf bezahlt, was ihn natürlich in Lamboing zu einem beliebten Mann macht. Der immer noch misstrauische Tschanz beharrt aber darauf, Gastmann selbst zu befragen – Charnels Warnung vor Gastmanns gefährlichem Hund kontert er mit der trockenen Bemerkung, mit dem werde er schon fertig.

Siebtes Kapitel

KURZINFO

Überraschungen

- Tschanz fährt Bärlach bis zum Tatort nach.
- Bärlach stellt den Tathergang nach; Tschanz erschrickt.
- Bärlach war heimlich auf die Gefahr durch den Hund vorbereitet.

Bärlach spielt den Tathergang nach

Bevor Tschanz zum Restaurant fährt, um Bärlach abzuholen, hält er noch einmal vor Gastmanns Haus und schaut zu den erleuchteten Fenstern hinauf, ohne aber irgendjemanden zu sehen; auch der tote Hund ist inzwischen entfernt worden. Im Restaurant erfährt Tschanz, dass Bärlach nur wenige Minuten dort war, um einen Schnaps zu trinken, und sich wohl schon auf dem Weg nach Twann befindet. Tschanz fährt ebenfalls in diese Richtung und nähert sich bald dem Tatort, wo plötzlich eine dunkle Gestalt am Wegrand auftaucht und ihm winkt zu halten. Als Tschanz anhält und die rechte Wagentür öffnet, kommt ihm plötzlich der Gedanke, dass sich genau so der Tathergang abgespielt haben könnte und Schmied im nächsten Augenblick erschossen wurde. Er greift unwillkürlich zu seinem Revolver, erkennt dann Bärlach, was ihn aber nicht zu entspannen scheint: „Keiner sprach ein Wort, und ihre Augen waren wie Steine.“ (43) Bärlach steigt ein und von nun an duzt er Tschanz.

Nach längerem Schweigen fragt Bärlach Tschanz nach den Ergebnissen der Befragung Charnels. Als er von dem Schriftsteller hört, kündigt er an, diesen selbst zu befragen. Der immer noch erregte Tschanz setzt Bärlach schließlich vor dessen Haus ab, wo sich dieser noch einmal explizit bedankt: „du hast mir das Leben gerettet.“ (44) Nachdem Bärlach sein Haus betreten hat, nimmt er einen schweren Revolver aus der Manteltasche. Zudem ist sein linker Arm mit dicken Tüchern umwickelt, „wie es bei jenen Brauch ist, die ihre Hunde zum Anpacken einüben“ (ebd.). Es wird also deutlich, dass Bärlach Tschanz gegenüber verheimlicht hat, dass er sehr wohl auf die drohende Gefahr beim Besuch von Gastmanns Haus vorbereitet war.

Bärlach war abgesichert

Politisches Zwischenspiel

Achtes Kapitel

KURZINFO

Von Schwendi bei Lutz: Enthüllungen

- Schmied war unter falschem Namen bei Gastmann.
- Ein Geheimtreffen zwischen Industriellen und Vertretern einer fremden Macht findet in Gastmanns Haus statt.

Am nächsten Morgen, einem Samstag, an dem auch die Beerdigung Schmieds stattfinden soll, erscheint von Schwendi tatsächlich bei der Polizei – aber nicht bei Bärlach, sondern bei Dr. Lutz, der ein Parteifreund von ihm ist und den er duzt. Mit seiner arroganten und herablassenden Art drängt der dicke Nationalrat den immer hilfloser werdenden Lutz in die Defensive. Es stellt sich heraus, dass Schmied in der Tat im Hause Gastmanns verkehrte, allerdings unter dem Namen Doktor Prantl, „Privatdozent für amerikanische Kulturgeschichte in München“ (47). Von Schwendi vermutet zunächst, dass Schmied von der Polizei eingeschleust wurde, wird aber durch Lutz’ überraschte Reaktion eines Besseren belehrt. So erklärt er schließlich dem völlig verdutzten Lutz: „Schmied spionierte für eine fremde Macht.“ (48) Die Polizei solle sich also lieber mit Schmied und seinen Motiven als mit dem gänzlich harmlosen Gastmann beschäftigen. Um sich nicht völlig einschüchtern zu lassen, beharrt nun Lutz darauf, dass eine Vernehmung Gastmanns jetzt gerade notwendig sei, um Schmieds Verhalten und die Gründe für seine Ermordung endgültig zu klären.

Von Schwendi setzt Lutz unter Druck

Daraufhin geht von Schwendi erneut in die Offensive: „Gut, [...] reden wir ehrlich miteinander." (49) Er überreicht Lutz eine in drei Gruppen unterteilte Liste von Gastmanns Besuchern an den fraglichen Abenden: Es handelt sich um eine Gruppe Künstler („die ist nicht interessant", ebd.) und eine Gruppe Industrieller („es sind Männer von Klang, Männer, die ich als die besten Exemplare der schweizerischen Gesellschaft ansehe", ebd.). Bei der dritten Gruppe aber, über die die Schweizer Polizei keine Macht habe (vgl. 50), handelt es sich laut von Schwendi um „Angehörige einer fremden Gesandtschaft, die Wert darauf legt, unter keinen Umständen mit einer gewissen Klasse von Industriellen zusammen genannt zu werden" (50).

Neuntes Kapitel

KURZINFO

Von Schwendi bei Lutz: Absprachen

- Gastmann als idealer Gastgeber der Geheimverhandlungen soll nicht behelligt werden.
- Lutz verspricht Zurückhaltung der Polizei.

Auf Lutz' Einwand, dass von Seiten des Staates offiziell mit jener Macht über ein Handelsabkommen verhandelt werde, entgegnet von Schwendi, dass es in der modernen Industrie viel wichtigere, private Verhandlungen gebe, in die sich der Staat nicht einzumischen habe. Und an solchen Verhandlungen habe Schmied unter falschem Namen teilgenommen. Die von Lutz ins Gespräch gebrachten Künstler, die dort ebenfalls gewesen seien, werden vom Geheimrat verächtlich als „notwendige Dekoration" (52) bezeichnet. Er weist darauf hin, dass die fremde Macht aus parteipolitischen Gründen sehr an der Geheimhaltung der Gespräche interessiert sei, welche durch Schmieds noch ungeklärte Anwesenheit gefährdet wurde.

Auf Lutz' Frage nach der Rolle Gastmanns in der ganzen Angelegenheit erläutert von Schwendi, dass sein Klient aufgrund seiner Tätigkeiten als „jahrelanger Gesandter Argentiniens in China" (53) und „ehemaliger Verwaltungspräsident des Blechtrusts" (ebd.) sowie der abgeschiedenen Lage seines Hauses im völlig unbekannten

Lamboing prädestiniert für die Rolle als Gastgeber der Verhandlungen sei. Gleichzeitig macht er noch einmal deutlich, dass die Polizei Gastmann in Ruhe zu lassen habe. Der nun vollends unterlegene Lutz verspricht von Schwendi, dass er den Fall der Geheimverhandlungen an den Bundesanwalt abgeben und von einer Hausdurchsuchung bei Gastmann absehen werde. Sollte es trotzdem zu einer „Besprechung" (54) mit Gastmann im Zuge der Untersuchung kommen müssen, eine „Formalität" (ebd.), so werde sie „so harmlos wie nur immer möglich" (ebd.) gestaltet und er, Lutz, werde die Fragen von Schwendi im Voraus mitteilen.

Lutz sagt von Schwendi Diskretion gegenüber Gastmann zu

Von Schwendi, der nun erreicht hat, was er wollte, überlässt Lutz die Liste mit den Namen, nicht ohne noch darauf hinzuweisen, dass die fremde (vermutlich chinesische) Gesandtschaft vielleicht gar kein Interesse an weiteren Verhandlungen habe. Seine abschließenden Worte klingen zugleich herablassend und unterschwellig drohend: „Millionen stehen auf dem Spiel, Dökterchen, Millionen! Zu deinen Nachforschungen wünsche ich dir Glück. Du wirst es nötig haben." (55)

Zehntes Kapitel

KURZINFO

Schmieds Beerdigung

- Bärlach begleitet Lutz.
- Die Zeremonie im strömenden Regen wird durch zwei Betrunkene gestört, die einen Kranz in das Grab werfen und wieder verschwinden.

Bärlach trifft ein, er will bei seinem Vorgesetzten die Erlaubnis einholen, Gastmann verhören zu können. Dr. Lutz, der bereits aufgrund seines Versprechens gegenüber von Schwendi und der zu erwartenden Kritik Bärlachs ein ungutes Gefühl hat, weicht aus und verweist auf das bevorstehende Begräbnis Schmieds, zu dem nun beide – Bärlach seinen schmerzenden Magen haltend – im Dienstwagen gefahren werden.

Es regnet in Strömen und am offenen Grab hat der Pfarrer bereits mit der Zeremonie begonnen. Es haben sich viele Kollegen des Toten eingefunden, dazu die weinen-

Schmieds Beerdigung

de Frau Schönler, Schmieds Zimmerwirtin, und eine blonde junge Frau, die neben Tschanz in der ersten Reihe steht – Schmieds Freundin Anna, vermutet Bärlach. Eine Stadtkapelle wartet auf ihren Einsatz, spielt aber in dem immer stärker werdenden Regen nur kurz auf. Gerade als Dr. Lutz ein paar offizielle Worte am Grab sprechen will, wird die Zeremonie von einem „wilde[n], grölende[n] Gesang“ (59) gestört. Zwei schwarz gekleidete, offensichtlich stark betrunkene Gestalten, „brutale, riesenhafte Kerle, befrackte Schlächter“ (61), die einen großen Lorbeerkranz zwischen sich halten, nähern sich torkelnd und Lieder grölend den erstarrten Anwesenden. Durch die Trauergemeinde hindurch stürzen sie zum Grab, werfen den Kranz hinein und entfernen sich singend und stolpernd, wobei sie mehrere Kreuze umreißen. Auf der verschmutzten Schleife des Lorbeerkranzes sind die Worte „Unserem lieben Doktor Prantl“ zu lesen.

Störung durch zwei Betrunkene

Die Erstarrung bei den empörten Trauernden löst sich, die Kapelle spielt noch einmal, um der Situation wenigstens noch ein wenig Würde zu verleihen, aber ein Sturm kommt auf und der Regen verstärkt sich weiter, so dass alle Anwesenden – bis auf die Totengräber – schnellstens vom Grab fliehen.

Vergangenheit und Gegenwart

Elftes Kapitel

KURZINFO

Ein Gast(mann)

- Gastmann ist in Bärlachs Haus eingedrungen.
- Die Vorgeschichte der beiden wird enthüllt.
- Gastmann fühlt sich überlegen; Bärlach hat starke Schmerzen.

Auf dem Weg zurück macht Lutz im Wagen seinem Ärger über Gastmann Luft und verrät Bärlach, dass Schmied unter dem Namen Prantl bei Gastmann verkehrte. Bärlach vermutet daraufhin in dem Auftritt der beiden Gestalten auf dem Friedhof eine Warnung Gastmanns. Wieder unterlässt es Lutz, Bärlach von dem Besuch von Schwendis zu erzählen.

Nachdem Lutz abgesetzt worden ist, lässt sich Bärlach vom Chauffeur nach Hause fahren. Er genießt noch für eine Weile das inzwischen schöne Wetter und den Anblick des Flusses hinter seinem Haus, bevor er eintritt.

Gastmann in Bärlachs Haus

An der Schwelle zu seinem Arbeitszimmer bemerkt er, dass ein Mann hinter seinem Schreibtisch, auf dem immer noch sein Revolver liegt, sitzt und interessiert in Schmieds Mappe blättert. Bärlach kennt den Mann, der sich jetzt Gastmann nennt, offensichtlich – ja, er scheint ihn fast erwartet zu haben und setzt sich ihm gegenüber in seinen Lehnstuhl vor dem Schreibtisch. Es wird deutlich, dass Bärlach die ganze Zeit von Gastmann in Lamboing wusste und Schmied unter dem Namen Prantl als eine Art Undercover-Agent zu ihm geschickt hatte – und dass Gastmann davon wusste. Bärlachs Bemerkung, er werde nie aufhören, Gastmann zu verfolgen, und einmal werde es ihm gelingen, diesem seine Verbrechen zu beweisen, klingt zunächst geheimnisvoll. Gastmanns kühle Antwort, dafür habe Bärlach nicht mehr viel Zeit, da er selbst bei einer Operation nur noch ein Jahr zu leben habe, enthüllt einerseits, wie schwer krank Bärlach wirklich ist, und andererseits, dass Gastmann offensichtlich die Macht hat, an solch geheime Informationen zu kommen.

Gemeinsame Vorgeschichte von Bärlach und Gastmann

Im Gespräch der beiden Kontrahenten wird nun ausführlich die Vorgeschichte ihrer Beziehung enthüllt: Kennengelernt haben sie sich als junge Männer vor über vierzig Jahren am Bosporus, wo Bärlach junger Polizist in türkischen Diensten und Gastmann eine Art abenteuerlustiger Herumtreiber war. Eines Abends hatten sie unter dem Einfluss von reichlich Alkohol eine hitzige Diskussion, in deren Verlauf Bärlach behauptete, dass aufgrund menschlicher Unzulänglichkeiten und vor allem unvorhersehbarer Zufälle zwangsläufig alle Verbrechen irgendwann aufgedeckt würden. Weniger aus Überzeugung als aus Widerspruchsgeist behauptete damals Gastmann, dass gerade diese Verworrenheit und Undurchschaubarkeit menschlicher Beziehungen Verbrechen möglich machten, die niemals entdeckt, geschweige denn geahndet würden. Der Disput der beiden gipfelte damals in einer fatalen Wette, die fortan das

Die Wette

Leben von Bärlach und Gastmann bestimmen sollte. Gastmann wollte in Bärlachs Gegenwart ein Verbrechen begehen, das dieser ihm niemals würde nachweisen können.

Drei Tage später stieß Gastmann wirklich vor Bärlachs Augen einen deutschen Kaufmann von einer belebten Brücke ins Wasser. Dieser ertrank, da er nicht schwimmen und auch von dem ihm nachspringenden Bärlach nicht gerettet werden konnte. Bärlach ließ Gastmann zwar verhaften, konnte ihm aber nichts beweisen, da dieser das Verbrechen genau geplant hatte: Der Kaufmann stand vor dem Konkurs und hatte einen Betrug begangen, so dass die Version von einem Selbstmord dem Gericht glaubwürdig erschien und Gastmann nicht weiter belangt wurde.

Von diesem Zeitpunkt an entwickelte sich eine Art lebenslanger Kampf zwischen den beiden – im Augenblick noch mit Vorteilen bei Gastmann:

> „Ich wurde ein immer besserer Verbrecher und du ein immer besserer Kriminalist: den Schritt jedoch, den ich dir voraus hatte, konntest du nie einholen. […] Die Dummköpfe konntest du besiegen, aber ich besiegte dich." (69 f.)

Gastmanns Monolog macht deutlich, dass aus ihm ein in jeglicher Hinsicht erfolgreicher Mann geworden ist, „bald im Dunkeln, im Dickicht verlorener Großstädte, bald im Lichte glänzender Positionen, ordenübersät" (70). Er empfindet ein grausames Vergnügen daran, Bärlach mitzuteilen, dass dieser auch das sozusagen letzte Gefecht nicht gewinnen kann, für das beide zu ihren Ursprüngen zurückgekehrt sind: „Gib es auf, Freund, es hat keinen Sinn. Der Tod wartet nicht." (Ebd.)
Wie zur Bekräftigung wirft er plötzlich das türkische Messer von Bärlachs Schreibtisch nach dem Kommissar; es landet knapp neben dessen Wange im Lehnstuhl. Gastmann nimmt nun Schmieds Mappe an sich – mögliche Beweise, die Bärlach gegen ihn verwenden könnte – und geht, wobei er noch spöttisch fragt, ob der Kommissar ihn nicht mit dem Revolver aufhalten wolle. Der vermutet, dass Gastmann sowieso die Munition herausgenommen habe, was dieser bestätigt. Dann geht er end-

gültig. Bärlach überprüft die Waffe, die überraschenderweise doch geladen ist; er stürzt auf die Straße, aber Gastmann ist längst verschwunden. Daraufhin wird Bärlach von einer starken Schmerzattacke überwältigt, die ihn hilflos und sich krümmend über den Boden kriechen lässt. Er kann nur noch stöhnen: „Was ist der Mensch?“ (72)

Bärlachs Schmerzanfall

Zwölftes Kapitel

KURZINFO

Bärlachs Reaktion

- Bärlachs Zustand verbessert sich, er geht zu Lutz.
- Er akzeptiert Lutz' Aussagen und Anweisungen.
- Bärlach fährt mit Tschanz zum Schriftsteller.

Bärlach erholt sich wieder von dem Anfall, fühlt sich viel besser und geht zu Fuß zu Dr. Lutz ins „Bureau“. Dieser hat sich nun endlich entschieden, dem Kommissar von seiner Unterredung mit von Schwendi zu erzählen und außerdem anzuordnen, Gastmann vorerst nicht weiter zu behelligen. Zu Lutz' großer Überraschung zeigt sich Bärlach ruhig und mit allem einverstanden. Auch als Lutz ihm Informationen zu Gastmanns Vita gibt und eine respektvolle Einstellung diesem gegenüber zeigt, stimmt Bärlach zu. Selbst als Lutz nun einen Verdacht gegenüber dem toten Schmied äußert, reagiert Bärlach nicht, sondern bittet Lutz beim Verlassen des Zimmers lediglich um eine Woche Krankheitsurlaub, die sein Vorgesetzter ihm großzügig gewährt.

Lutz instruiert Bärlach

In Bärlachs Zimmer wartet ein nervöser Tschanz – er hofft, dass es nun endlich zur Vernehmung Gastmanns geht, und ist enttäuscht und wütend, als Bärlach ihm befiehlt, zu dem Schriftsteller zu fahren, der auch öfter an Veranstaltungen in Gastmanns Haus teilgenommen hat. Es stellt sich heraus, dass Tschanz inzwischen Schmieds blauen Mercedes gekauft hat; auf der Fahrt fragt er Bärlach beiläufig nach der Mappe, die dieser laut Schmieds Zimmerwirtin aus dessen Zimmer mitgenommen hat. Bärlach bemerkt nur, dass es sich um Privates gehandelt habe, und tadelt Tschanz wegen seines rasanten Fahrstils.

Fahrt mit Tschanz zum Schriftsteller

Philosophisches Zwischenspiel

Dreizehntes Kapitel

KURZINFO

Beim Schriftsteller

- Der Schriftsteller und Bärlach sprechen zunächst lange über das Kochen.
- Tschanz und später Bärlach befragen ihn schließlich über seine Einschätzung Gastmanns.
- Er hält ihn für einen Nihilisten, fähig, Verbrechen zu begehen.

Der Schriftsteller empfängt die beiden Polizisten unhöflich und unwillig; durch die Sitzordnung bleibt sein Gesicht im Gegenlicht unkenntlich, während Bärlach und Tschanz im hellen Licht des Fensters sitzen. Trotz seines Widerwillens kann der Schriftsteller eine gewisse Enttäuschung darüber nicht verbergen, dass er nicht verdächtigt wird – sein Alibi war bereits polizeilich überprüft worden. Auf Bärlachs Frage, warum er oft bei Gastmann verkehre, antwortet der Schriftsteller, dass Gastmann ein interessanter Mann sei und zudem vorzüglich koche.

Befragung des Schriftstellers nach dessen Einschätzung von Gastmann

Zum Ärger des ungeduldigen Tschanz entspinnt sich jetzt ein dreiviertelstündiges Gespräch zwischen den beiden Männern über das Kochen und, hauptsächlich beigetragen vom begeisterten Bärlach, über die Kochkunst anderer Länder. Eine Gesprächspause nutzt Tschanz zu der Frage: „Hat Gastmann den Schmied getötet?" (78) Bärlach kann über diese plumpe Direktheit nur den Kopf schütteln, überlässt aber dem hartnäckigen Tschanz zunächst die weitere Befragung des Schriftstellers. Ebenso ruhig wie ironisch zeigt dieser dem jungen Polizisten auf, dass Gastmann aufgrund der feststellbaren Faktenlage unmöglich der Mörder Schmieds sein kann. Seine knappen Antworten auf Tschanz' weitere Fragen lassen diesen immer hilfloser werden, so dass er schließlich in seiner Verzweiflung fragt, ob Gastmann ein guter oder schlechter Mensch sei. Die Antwort des Schriftstellers, „Gastmann ist ein schlechter Mensch" (80), und seine Ausführungen, dass er als Schriftsteller auch eine Art Polizist sei, der Menschen auf die Finger sehen müsse, verwirren Tschanz nun völlig, so dass schließlich Bärlach das Gespräch weiterführt.

Er spottet zunächst ein wenig über den „übertriebenen Eifer“ (81) seines jungen Kollegen (natürlich zu dessen Ärger), setzt aber gleichwohl nach, indem er den Schriftsteller fragt, ob er Gastmann eines Mordes für fähig halte. Die überraschende Antwort lautet: „Ich halte Gastmann zu jedem Verbrechen fähig“ (ebd.), wenn er auch den Mord an Schmied nicht begangen habe.

Charakterisierung Gastmanns durch den Schriftsteller

Auf Bärlachs Nachfragen entwickelt der Schriftsteller nun das Bild, das er von Gastmann hat: Er hält ihn für einen wirklichen Nihilisten. Er tue Gutes und Böses – aber niemals, um etwas zu erreichen, sondern immer aus einer Laune, einem spontanen Einfall heraus. Gastmann tue das Böse nicht zielgerichtet wie andere Verbrecher, „er wird es tun, wenn es sinnlos ist, vielleicht, denn bei ihm sind immer zwei Dinge möglich, das Schlechte und das Gute, und der Zufall entscheidet“ (82). Bärlach möchte sich nicht auf philosophische Diskussionen einlassen, sondern lieber auf die konkrete Person Gastmanns zurückkommen. Aber der Schriftsteller bleibt bei seinen Betrachtungen: „Bei ihm [Gastmann] ist das Böse nicht der Ausdruck einer Philosophie, eines Triebes, sondern seiner Freiheit: der Freiheit des Nichts.“ (83)

Bärlach drückt seine Verachtung über eine derartige Freiheit aus und betont, dass es ihm um ein realistisches Bild Gastmanns gehe, da er schließlich einen Mord aufzuklären habe. Der Schriftsteller verabschiedet die beiden Polizisten mit der Bemerkung, das sei nicht sein Problem, sondern die Aufgabe der Polizei.

Vierzehntes Kapitel

KURZINFO

Tschanz' Wut

- Tschanz will endlich zu Gastmann, Bärlach lehnt ab.
- Tschanz offenbart wütend seine Minderwertigkeitsgefühle gegenüber Schmied.
- Bärlach fragt Tschanz nach seiner Ferienadresse.

Wieder im Auto, möchte Tschanz unbedingt zu Gastmann fahren, um diesen zu verhören. Bärlach lehnt ab mit Verweis auf die Anordnung von Lutz und befiehlt Tschanz, nach Bern zu fahren. Tschanz gehorcht zunächst, wird aber immer wütender und hält schließlich an. Er äußert seine feste Überzeugung, dass nur Gastmann der Mörder sein kann, und kritisiert Lutz, die Untersuchung aus politischen Gründen zu sabotieren. Bärlach bleibt ruhig, was Tschanz immer weiter aufbringt. Er will diesen Fall unbedingt lösen und interpretiert auch die theoretischen Aussagen des Schriftstellers in seinem Sinne. Die ruhige Zurechtweisung durch Bärlach lässt Tschanz vollends die Nerven verlieren: Es zeigt sich, dass er immer schon eifersüchtig auf Schmieds Erfolg war, den er nur dessen guter Herkunft und Schulbildung zuschreibt. Bärlachs Äußerung, dass Schmied der beste Kriminalist gewesen sei, den er je getroffen habe, ignoriert Tschanz und bittet Bärlach letztmalig, ihm diese Chance, nun endlich durch ein Lösen des Mordfalls nach oben zu kommen, nicht zu verbauen und bei Lutz für ihn zu intervenieren. Bärlach lehnt dies erneut ab mit der Begründung, er sei alt und krank und könne nichts mehr tun. Schließlich fragt er Tschanz nach dessen Urlaubsadresse in Grindelwald und kündigt an, dort eine Woche Krankenurlaub machen zu wollen. Tschanz scheint sich wieder beruhigt zu haben.

Tschanz' Neid auf Schmied

Der Fall scheint gelöst

Fünfzehntes Kapitel

KURZINFO

Bärlach bei Dr. Hungertobel

- Gastmann verschafft sich Einsicht in Bärlachs Krankenakte, indem er wohl in die Praxis einbricht.
- Bärlach bleibt noch ein Jahr zu leben.

Bärlach besucht seinen Arzt Dr. Hungertobel und findet heraus, dass vor einiger Zeit in dessen Praxis eingebrochen, allerdings nichts gestohlen wurde. Nur Bärlachs Krankenakte habe oben auf dem Schreibtisch gelegen. Bärlach wird nun klar, wie Gastmann an die Informationen über seine Krankheit kommen konnte. Aus dem Fenster blickend, sieht Bärlach zufällig, wie Tschanz mit einer blonden Frau, der Freundin des getöteten Schmied, aus seinem Auto steigt und in ein italienisches Restaurant geht.

Gastmann hatte Einblick in Bärlachs Krankenakte

Der kranke Kommissar zwingt nun seinen Arzt, ihm die Wahrheit über seine Krankheit zu sagen. Dr. Hungertobel bestätigt ihm, was Gastmann ihm bereits ins Gesicht gesagt hat: Selbst bei einer Operation, die so schnell wie möglich zu erfolgen habe, bleibt Bärlach nur noch ein Jahr zu leben.

Sechzehntes Kapitel

KURZINFO

Nächtlicher Überfall auf Bärlach

- Ein Mann dringt in Bärlachs Haus ein.
- Durch eine List überlebt Bärlach den Mordanschlag.

Nächtlicher Überfall auf Bärlach

Mitten in der Nacht wird Bärlach, der auf dem Sofa in der Bibliothek eingeschlafen ist, von einem Geräusch geweckt: Jemand scheint in das Haus eingedrungen zu sein und führt einen Kurzschluss herbei. Bärlach greift nach seinem Revolver, zieht sich in der Dunkelheit in sein Schlafzimmer zurück und erwartet dort den Eindringling, von dem er annimmt, dass er ihm nach dem Leben trachtet.

Als der Einbrecher, der sich offenbar in Bärlachs Haus gut auskennt, plötzlich auch im Schlafzimmer auftaucht, schießt Bärlach dreimal in das Fenster und lässt sich dann zu Boden fallen. Das Schlangenmesser, das der Eindringling vorher vom Schreibtisch genommen hat (Bärlach hatte nur dessen braune Lederhandschuhe gesehen), fliegt über den Kommissar hinweg und bleibt in der Wand stecken. Durch die Schüsse aufgeschreckt, machen mehrere Nachbarn Licht und öffnen ihre Fenster; daraufhin flieht der Einbrecher, ohne von Bärlach erkannt zu werden.

Siebzehntes Kapitel

KURZINFO

Bärlachs Prophezeiung

- Bärlach spricht mit Tschanz über den Anschlag.
- Auf dem Weg zum Bahnhof: Bärlach wird von Gastmann abgefangen und kündigt diesem seine Hinrichtung an.

Nach einer Weile ruft Bärlach Tschanz per Telefon zu sich und berichtet ihm von dem Überfall. Als dieser ihn fragt, ob er den Eindringling erkannt habe, verneint Bärlach, fügt aber hinzu, dass er genau wisse, wer es gewesen sei. Schließlich schickt er Tschanz nach Hause; dieser verlässt das Haus, kehrt dann noch einmal zurück und findet Bärlachs Haustür jetzt abgeschlossen vor.

Am nächsten Morgen steht Bärlach früh auf und macht sich bereit, zum Bahnhof zu fahren. Das Taxi, das er gerufen hat, erkennt er zu spät als einen von Gastmanns Diener gefahrenen Wagen. Gastmann selbst sitzt auf dem Rücksitz, an den Händen braune Lederhandschuhe. Während der rasend schnellen Autofahrt zum Bahnhof fordert Gastmann Bärlach auf, das Spiel aufzugeben und seine Niederlage einzugestehen. Bärlach lehnt dies mit der Begründung ab, durch die Wette hätten sie sich beide schuldig gemacht. Auf Gastmanns Frage, ob der Kommissar immer noch glaube, dass er Schmied getötet habe, antwortet dieser überraschend: „Ich habe keinen Augenblick daran geglaubt." (99) Er fügt an, dass er Gastmann – da es ihm nicht gelungen sei, ihn der von ihm begangenen Verbrechen zu überführen – nun eines Verbrechens überführen werde, das er nicht begangen habe.

Bärlachs Ankündigung von Gastmanns Hinrichtung

Unbeeindruckt von Gastmanns Drohung, er werde Bärlach demnächst töten, spricht dieser ruhig eine Art Urteil aus:

> „Ich habe dich gerichtet, Gastmann, ich habe dich zum Tode verurteilt. Du wirst den heutigen Tag nicht mehr überleben. Der Henker, den ich ausersehen habe, wird heute zu dir kommen. Er wird dich töten, denn das muß nun eben einmal in Gottes Namen getan werden." (100)

Dann geht er in den Bahnhof hinein und lässt Gastmann überrascht und wütend zurück.

Achtzehntes Kapitel

KURZINFO

Die Hinrichtung

- Tschanz kündigt Anna an, Schmieds Mörder zu stellen.
- Er dringt in Gastmanns Villa ein, wo es zu einem Schusswechsel kommt.

Am späteren Morgen wartet Tschanz vor der Kirche auf Schmieds Verlobte Anna und kündigt ihr an, dass er heute Schmieds Mörder stellen werde. Danach fragt er sie, ob er an die Stelle ihres verstorbenen Bräutigams treten könne; nach einigem Zögern stimmt Anna zu.

Tschanz dringt in Gastmanns Villa – ein Schusswechsel erfolgt

Tschanz fährt daraufhin nach Ligerz, stellt sein Auto ab und macht sich auf einen langen Fußweg nach Lamboing. Er ignoriert die schöne Umgebung und die Menschen, die ihm begegnen, steigt stetig bergauf, die rechte Hand in der Manteltasche. In Lamboing angekommen, geht er querfeldein auf Gastmanns Villa zu und betritt diese durch die offene Haustür. Dort trifft er in der Halle auf Gastmann und dessen zwei Diener, die reisefertig im Mantel neben einer Reihe von Koffern stehen.

In diesem Augenblick versteht Gastmann die Ankündigung Bärlachs, „Sie sind es also“ (104), und fängt an zu lachen. Einer der Diener zieht eine Waffe und trifft Tschanz in der linken Schulter; daraufhin zieht auch Tschanz seinen Revolver aus der rechten Manteltasche und feuert dreimal „in das nun wie in einem leeren, unendlichen Raume verhallende Lachen Gastmanns hinein“ (105).

Das Ende: Überraschungen

Neunzehntes Kapitel

KURZINFO

Schlussstriche

- Dr. Lutz betrachtet den Fall als abgeschlossen: Der Verbrecher Gastmann ist verantwortlich für Schmieds Tod.
- Bärlach schließt seine Jagd auf Gastmann ab.

Tschanz hat Gastmann und die Diener in Notwehr erschossen – Lutz schließt den Fall ab

Die durch Tschanz alarmierte Polizei findet Gastmann und seine Diener tot vor, alle drei mit Revolvern in der Hand, mit denen auch geschossen wurde. Tschanz, noch ein weiteres Mal getroffen, wird medizinisch versorgt und abtransportiert.

Am nächsten Morgen betrachten Dr. Lutz und von Schwendi die drei Leichen; Lutz hat über Nacht Gastmanns Aufzeichnungen studiert und auch Schmieds

Akte über Gastmann gefunden. Er schließt nun daraus, dass Schmied – privat ermittelnd – Gastmanns Verbrechen auf die Spur gekommen war und daher auf dessen Anweisung getötet wurde. Er sieht sich dadurch bestätigt, dass die Waffe, mit der Schmied erschossen wurde, bei einem der beiden Diener gefunden wurde.

Als Bärlach auftaucht, teilt Lutz ihm seine Schlüsse mit und betont, dass sie beide mit ihren Theorien falsch lagen und erst Tschanz den Fall auf seine Art, „ganz unwissenschaftlich mit seinem bloßen Revolver" (108), gelöst habe. Lutz geht dabei von Notwehr aus und hat vor, Tschanz zu befördern. Für ihn ist der Fall damit abgeschlossen. Bärlach hat während der ganzen Zeit geschwiegen.

Bärlach betrachtet den toten Gastmann

Nachdem Lutz und von Schwendi den Raum verlassen haben, bleibt Bärlach allein mit den Toten zurück. Er deckt Gastmanns Leiche auf und betrachtet lange und intensiv dessen Gesicht. Der alte Kommissar lässt noch einmal die gemeinsame Vergangenheit Revue passieren und macht sich klar, wie sehr sein ganzes Leben von der Jagd auf Gastmann geprägt war: „Nur *ein* Gedanke hatte ihn jahrelang beherrscht; den zu vernichten, der nun im kahlen grauen Raume zu seinen Füßen lag" (109). Nun hofft er auf ein gnädiges Vergessen.

Zwanzigstes Kapitel

KURZINFO

Henkersmahlzeit

- Bärlach hat Tschanz eingeladen; ein üppiges Mahl wird aufgetragen.
- Bärlach isst und trinkt unmäßig und entlarvt dabei Tschanz als den wahren Mörder Schmieds.
- Bärlach hat Tschanz zu seinem Werkzeug gemacht, um Gastmann endgültig zu beseitigen.
- Tschanz verlässt das Haus, Bärlach lässt ihn laufen.

Festmahl bei Bärlach

Am Abend desselben Tages sucht Tschanz Bärlach auf dessen dringende Bitte hin in seinem Haus auf. Zu seiner Überraschung öffnet ihm ein Dienstmädchen und Bärlach erwartet ihn an einem festlich gedeckten Tisch: „Wir müssen deinen Sieg feiern" (110). Tschanz' Verwunderung steigt immer mehr, als ein anderes Mädchen nun nach und nach eine große Menge köstlicher kalter und warmer Speisen aufträgt, von denen Bärlach unmäßig isst. Dazu trinkt er unaufhörlich Wein und Champagner. Tschanz, der seinerseits nichts anrühren kann, bemerkt hilflos, dass Bärlach doch krank sei. Dieser verneint das und verschlingt weiter zahlreiche Köstlichkeiten. Langsam dämmert es Tschanz, dass ihm eine Falle gestellt worden ist: „Die Erkenntnis seiner Lage kam zu spät, es gab keine Rettung mehr. ‚Sie wissen es, Kommissär', sagte er leise." (112) Bärlach bestätigt dies: „Du bist Schmieds Mörder." (Ebd.)

Entlarvung Tschanz' als Mörder Schmieds

Schritt für Schritt macht der Kommissar dem immer verzweifelter werdenden Tschanz klar, wie er die Indizien gesammelt hat, die seinen Anfangsverdacht gegen Tschanz bestätigten. Er brachte diesen dazu, auf Gastmanns Hund zu schießen, um die Revolverkugel mit der zu vergleichen, die Schmied getötet hat. Tschanz' Einwand, die Tatwaffe sei doch Eigentum von Gastmanns Diener gewesen, entlarvt Bärlach als Schutzbehauptung.
Während er immer weiter isst und trinkt, zeichnet der Alte auch noch minuziös den Tathergang nach, indem er Tschanz' Aussagen über Schmieds Weg am Abend seines Todes und Tschanz' eigenes Alibi widerlegt. Schließlich führt er auch aus, dass er Tschanz' Motiv erkannt hat: Dieser handelte aus Neid und einem Minderwertigkeitsgefühl gegenüber Schmied und ergriff die Gelegenheit, Schmied aus dem Weg zu räumen, als er per Zufall von dessen Ermittlungen gegen Gastmann erfuhr. So glaubte er, Gastmann den Mord an Schmied in die Schuhe schieben zu können. Bärlach schließt seine Ausführungen mit dem Satz ab: „Und nun hast du, was du wolltest: seinen Erfolg, seinen Posten, seinen Wagen und seine Freundin." (114)

Tschanz wird nun klar, dass er die ganze Zeit eine Figur in Bärlachs ausgeklügeltem Schachspiel gewesen und nun matt gesetzt ist. Bärlach verstärkt diese Demütigung noch, indem er deutlich macht, dass Tschanz bei der Jagd auf Gastmann nur eine Art schlechter Ersatz für den hochgeschätzten Schmied gewesen ist:

„[...] Schmied war meine letzte Hoffnung. Ich habe ihn auf den Teufel in Menschengestalt gehetzt, ein edles Tier auf eine wilde Bestie. Doch dann bist du gekommen, Tschanz, mit deinem lächerlichen, verbrecherischen Ehrgeiz, und hast mir meine einzige Chance vernichtet. Da habe ich dich genommen, den Mörder, und habe dich in meine furchtbarste Waffe verwandelt" (116).

Tschanz als Henker des Richters Bärlach

Bärlach legt weiter dar, wie Tschanz immer weiter in die Enge getrieben und so zum Handeln gezwungen wurde. Auch dass es Tschanz war, der Bärlach des Nachts überfiel, um an Schmieds Aufzeichnungen über Gastmann zu kommen, war dem Kommissar von Anfang an klar. Bärlachs Enthüllungen gipfeln in Tschanz' Erkenntnis, dass auch die Tötung Gastmanns ein Teil von Bärlachs Spiel war:

„Tschanz taumelte. Es überlief ihn eiskalt.
‚Da haben Sie mich und Gastmann aufeinander gehetzt wie Tiere!'
‚Bestie gegen Bestie', kam es unerbittlich vom andern Lehnstuhl her.
‚Dann waren Sie der Richter, und ich der Henker', keuchte der andere.
‚Es ist so', antwortete der Alte." (116 f.)

Als sich Tschanz erhebt und in seine Jackentasche greifen will, in der sich vermutlich seine Waffe befindet, macht Bärlach ihm die Sinnlosigkeit klar: Lutz wisse Bescheid, dass Tschanz bei ihm sei, und außerdem seien die Dienstmädchen noch als Zeuginnen im Haus. Resigniert verlässt Tschanz das Haus, nachdem ihm Bärlach angekündigt hat, dass er ihn nicht weiter verfolgen werde, ihn aber nie mehr wiederzusehen wünsche.

Einundzwanzigstes Kapitel

KURZINFO

Das Ende

- Tschanz wird tot aufgefunden.
- Bärlach will sich sofort operieren lassen; ihm bleibt ein Jahr.

Tschanz' Tod – Bärlachs bevorstehende Operation

Bärlach bleibt die ganze Nacht wach – er hat Tschanz über seinen wahren Gesundheitszustand belogen, um sein Spiel überzeugend zu Ende bringen zu können. Dr.

Lutz erscheint morgens und berichtet verwirrt, dass man Tschanz tot in seinem Wagen gefunden habe, der von einem Zug erfasst worden war. Der todkranke Bärlach kann nur noch bitten, seinen Arzt Dr. Hungertobel zu benachrichtigen, damit er sofort operiert werden kann. Dem Kommissar ist klar, dass ihm nur noch wenig Zeit bleibt: „‚Nur noch ein Jahr‘, hörte Lutz den zum Fenster hinaus in den gläsernen Morgen starrenden Alten sagen. ‚Nur noch ein Jahr.‘“ (118)

2 Analyse und Interpretation

Personen

Bärlach

KURZINFO

Geheimnisvoll und undurchschaubar
- Bärlachs Vorgehensweise bleibt lange unklar.
- Sein Leben ist bestimmt durch die Wette mit Gastmann.
- Er wird vom Jäger zum Richter, der Tschanz als Henker benutzt.

Der Kriminalist – „klug wie die Schlangen"

Bärlach erkennbar die Hauptfigur

Kommissar Hans Bärlach ist die Hauptfigur des Romans; nicht nur, weil er das von seiner Position her in einer Kriminalgeschichte auch sein sollte, sondern weil er als Charakter am ausführlichsten ausgestaltet ist (was in der Erzähltheorie als *round character* bezeichnet wird). Trotzdem entzieht er sich von Anfang an einer klaren und eindeutigen Beurteilung durch den Leser, der immer wieder den Eindruck bekommt, dass ihm diese Figur etwas vorenthält.

Kein Opportunist

Wichtige Stationen von Bärlachs privatem und beruflichem Werdegang werden schon im ersten Kapitel skizziert. Er ist bereits „über sechzig" (10) und lebt seit fünfzehn Jahren wieder in seiner Heimatstadt Bern. Als junger Kriminalbeamter hatte er zuvor in Konstantinopel und Deutschland eine beachtliche Karriere gemacht, zuletzt sogar als Chef der Frankfurter Kriminalpolizei. Diese Position musste er aufgeben, weil er „einem hohen Beamten der damaligen neuen deutschen Regierung" (8) eine Ohrfeige gegeben hatte. Sein Verhalten steht damit in krassem Gegensatz zum Opportunismus seiner Schweizer Landsleute, die es „erst fünfundvierzig" (ebd.), also nach dem Ende des Nazi-Regimes in Deutschland, als „die einzige für einen Schweizer mögliche Haltung" (ebd.) priesen, nachdem sie es zuvor als „empörend", dann als „verurteilenswert, aber doch noch begreiflich" (ebd.) bezeichnet hatten. Diese Episode verdeutlicht bereits wesentliche Charakterzüge Bärlachs: Er ist unabhängig, ohne Angst vor Autoritäten oder den Konsequenzen seiner politisch nicht ‚korrekten' Auffassungen, ein Individualist, sogar bereit, eine hoffnungsvolle Karriere aufs Spiel zu setzen.

Alleinlebender Einzelgänger und schwer krank

Bärlachs Individualismus und Einzelgängertum ziehen sich auch durch sein privates Leben: Er ist unverheiratet, lebt seit vielen Jahren allein in seinem Haus am Fluss Aare in einem Stadtteil Berns, umgeben von ungeheuer vielen Büchern. Von einer vergangenen oder gar gegenwärtigen Beziehung ist nie die Rede. Seine einzigen Freuden scheinen das Essen und Trinken und das Rauchen von Zigarren zu sein. Diese stehen allerdings in starkem Kontrast zu seinem gesundheitlichen Zustand: Er hat Magenkrebs, erleidet immer wieder starke Schmerzattacken und hat, wie sich im Laufe der Geschichte herausstellt, selbst mit einer Operation nur noch eine Lebenserwartung von einem Jahr.

Zu seiner Heimatstadt Bern, die er aussagekräftig sein „goldenes Grab" (8) nennt, hat Bärlach ein zwiespältiges Verhältnis: Seine Rückkehr ist nicht so sehr seiner Liebe zu ihr, sondern der Affäre in Frankfurt geschuldet und in Bezug auf seine Karriere ein Rückschritt. Durch die Stadt geht er grundsätzlich zu Fuß, da er sie für viel zu klein für „Trams und dergleichen" (10) hält. Aber er liebt den Fluss an seinem Haus, schaut dem Flusslauf gerne zu, wie zur Entspannung oder Meditation.

Seine prägenden Charaktermerkmale spiegeln sich ebenfalls in seinem Verhalten als Kriminalist, das auf den ersten Blick ungewöhnlich und fragwürdig erscheint: Er lässt freundlich Clenins dilettantisches Verhalten beim Auffinden des Mordopfers durchgehen, obwohl dadurch sicherlich alle Spuren verwischt wurden. Weder schaut er sich die Leiche Schmieds an („Nein, ich liebe Tote nicht", 20), noch hat er sich – anders als Tschanz – anhand der Polizeiprotokolle über die bisherigen Erkenntnisse informiert („Ich liebe Protokolle noch weniger", ebd.). Von den neuesten kriminalistischen Methoden, die von seinem Vorgesetzten Dr. Lutz immer wieder ins Feld geführt werden, hält Bärlach gar nichts, gibt sich so eher den Anschein einer gewissen Naivität und Rückständigkeit.

Kein Respekt vor Lutz

Gleichzeitig zeigt er Lutz gegenüber keinerlei Respekt oder gar Unterordnung – im Gegenteil: Es macht ihm Spaß, diesen zu provozieren. So zündet er sich zum Beispiel absichtlich eine Zigarre an, bevor er – natürlich ohne anzuklopfen – dessen Büro betritt, wohl wissend, dass Lutz sich seit Jahren darüber ärgert. Über den Stand seiner Ermittlungen bzw. über den Verdacht, den er angeblich hat, informiert Bärlach keinesfalls seinen Vorgesetzten; dessen Anordnungen ignoriert er oder zeigt keinen Widerstand, da er sowieso seine eigenen Pläne verfolgt, auf die Lutz keinen Einfluss nehmen kann.

Guter Kriminalist

Trotz dieses Eigenbrötlertums erweist sich Bärlach durchaus als fähiger Kriminalist. So findet er am Tatort die Revolverkugel, die Schmied getötet hat, und ist später in der Lage, diese mit der Kugel zu vergleichen, die Gastmanns Hund getötet hat. Auch diese Szene, die Hundeattacke und die Tötung des Tieres durch Tschanz, wurde von Bärlach als Folge seiner Recherchen und Erkenntnisse arrangiert, um den wahren Mörder zu überführen. Er beobachtet scharf und ist so in der Lage, Tschanz' Alibi zu widerlegen und ihn als den Mörder Schmieds zu entlarven.

Aufgrund seiner Schrulligkeit, die dazu führt, dass er von anderen auch mal unterschätzt wird, seiner Widerborstigkeit Autoritäten oder dem Polizeiapparat gegenüber, seines gleichzeitigen kriminalistischen Scharfsinns und seiner beharrlichen Vorgehensweise kann Hans Bärlach also zunächst durchaus in die Tradition berühmter klassischer Detektivgestalten wie Arthur Conan Doyles Sherlock Holmes, Agatha Christies Miss Marple und Hercule Poirot oder Georges Simenons Kommissar Maigret eingeordnet werden.

Der Jäger – „ein großer alter schwarzer Kater, der gern Mäuse frißt"

Erst in der Mitte der Handlung – in dem ersten großen Zusammentreffen Bärlachs mit Gastmann – wird dem Leser klar, dass es dem Kommissar unter der Oberfläche des zu lösenden Kriminalfalls um etwas viel Wichtigeres geht: In einer von Gastmann fast belustigt vorgetragenen Rückschau enthüllt dieser die nun schon vierzig Jahre bestehende gemeinsame Geschichte der beiden. Das zentrale Ereignis, die Wette, die sie als junge, übermütige Männer in Konstantinopel abschlossen, hat ihrer beider Leben seitdem entscheidend geprägt. Damals beging Gastmann vor Bärlachs Augen einen Mord, den dieser niemals aufklären konnte, und bewies dem Kommissar damit seine Behauptung, dass es möglich sei, Verbrechen zu begehen, die nicht erkannt und nicht geahndet werden können (vgl. 67).

Wette mit Gastmann bestimmt Bärlachs Leben

Von diesem Zeitpunkt an ist Bärlachs Leben darauf ausgerichtet gewesen, Gastmann (der weiterhin Verbrechen beging) zu jagen und eines Tages zu überführen – und auf diese Weise seinen Teil der Wette zu beweisen, nämlich dass menschliche Unvollkommenheit, Unvorhersehbarkeit und der Zufall jedes Verbrechen zwangsläufig zutage fördern (vgl. 66 f.). Bärlach hat Gastmanns Entwicklung immer verfolgt und darunter gelitten, dass dieser niemals zu greifen war, obwohl der Kommissar sich zu einem bedeutenden Kriminalisten entwickelt hat. Gastmann drückt dies auf zynische Art aus: „Ich wurde ein immer besserer Verbrecher und du ein immer besserer Kriminalist: Den Schritt jedoch, den ich dir voraus hatte, konntest du nie einholen." (69) Auch im Hinblick auf Bärlachs tödliche Krankheit scheint es also so, als habe er den Kampf mit Gastmann endgültig verloren, was dieser in folgenden Worten deutlich macht: „Gib es auf, Freund, es hat keinen Sinn. Der Tod wartet nicht." (70)

Der Kampf geht weiter

Bärlach jedoch findet sich mit dieser Niederlage ganz offensichtlich nicht ab. Schon seine ruhige Art, seine unbewegliche Körperhaltung, selbst als Gastmann das Messer nach ihm wirft, deuten darauf hin, dass er dessen zur Schau gestellte Überlegenheit nicht anerkennt: „Einmal wird es mir gelingen, deine Verbrechen zu beweisen […]. Und jetzt ist die letzte Gelegenheit." (72) Einen Moment der Schwäche und der Verzweiflung, ausgelöst auch durch eine heftige Schmerzattacke, lässt er erst zu, als Gastmann gegangen ist (vgl. ebd.). Gleichzeitig verstärkt diese seine ‚Lebensaufgabe' ganz offensichtlich seinen Überlebenswillen; das zeigt sich z.B. während des nächtlichen Überfalls in seiner Wohnung, als alle seine Sinne nur auf dieses Leben gerichtet sind, „das er nun verteidigte, voll Gier zu leben und nur zu leben" (94).

Bärlach verfolgt einen Plan

In Anbetracht des fast lebenslangen Konfliktes mit Gastmann und Bärlachs Besessenheit mit dem endgültigen Sieg über den Verbrecher wird dem Leser langsam klar, dass der Kommissar einen noch undurchschaubaren Plan verfolgen muss: Sein ungeklärtes Verhältnis zu Schmied, seine Andeutungen gegenüber Dr. Lutz und Tschanz, sein Vorbereitetsein auf die Attacke von Gastmanns Hund (was auf Recherchen seinerseits über Gastmann schließen lässt) heben sich jetzt deutlicher als mögliche Bausteine eines solchen Plans hervor. Vor allem aber Bärlachs unverblümte Ankündigung bei seinem zweiten Zusammentreffen mit Gastmann lässt keinen Zweifel aufkommen, dass die Vollendung des Plans unmittelbar bevorsteht: „Du wirst den heutigen Tag nicht mehr überleben." (100)

Nachdem Gastmann schließlich durch Tschanz getötet worden ist, betrachtet der Kommissar den Toten und zieht eine Art Lebensresümee: „So trafen sie sich zum letzten Male, der Jäger und das Wild, das nun erledigt zu seinen Füßen lag. Bärlach ahnte, daß sich nun das Leben *beider* zu Ende gespielt hatte" (108). Das Ende der Jagd bedeutet für den Kommissar nicht nur Befriedigung, sondern auch das Bewusstsein von der Nähe des Todes sowie die Erkenntnis, wie verzehrend und moralisch fragwürdig seine Vorgehensweise war:

> „Nur *ein* Gedanke hatte ihn jahrelang beherrscht; den zu vernichten, der nun im kahlen, grauen Raume zu seinen Füßen lag […]; und nun war dem Alten nichts mehr geblieben als ein müdes Zudecken, als eine demütige Bitte um Vergessen, die einzige Gnade, die ein Herz besänftigen kann, das ein wütendes Feuer verzehrt." (109)

Die Jagd ist zu Ende

Im letzten Akt dieses persönlichen Dramas ist es dann noch Bärlachs Aufgabe, für Tschanz (und damit den Leser) endgültig alle Fäden seiner ungeheuren Intrige zusammenzuführen. Er, der laut Gastmann immer behauptet hat, dass man mit Menschen unmöglich wie mit Schachfiguren operieren könne (vgl. 67), erweist sich am Ende seiner Jagd selbst als „unerbittliche[r] Schachspieler, der ihn [Tschanz] matt gesetzt hatte“ (114).

Der Richter – „ein Tiger, der mit seinem Opfer spielt“

Bärlach erweist sich allerdings nicht nur als hervorragender Kriminalist und besessener Verbrecherjäger (darin anderen klassischen Detektivfiguren und auch Kommissar Matthäi, der Hauptfigur aus Dürrenmatts drittem Kriminalroman *Das Versprechen* von 1958 ähnlich), sondern er maßt sich eine Rolle an, die ihm vom beruflichen Ethos und moralischen Verständnis her nicht zusteht: Er wird zum Richter, der Selbstjustiz aus Rache verübt. Dadurch überschreitet er nicht nur seine Kompetenzen als polizeilicher Vertreter der Exekutive, der einen Verbrecher überführen und ihn dann der unabhängigen Gerichtsbarkeit überstellen sollte. Da es ihm nicht gelingen kann, seinem Erzfeind Gastmann dessen unzählige Verbrechen mit kriminalistischen Mitteln nachzuweisen, dieser also die gemeinsame, lebensbestimmende Wette endgültig zu gewinnen droht, entschließt sich der Kommissar zu einer ebenso kaltblütigen wie fragwürdigen Manipulation. Er benutzt Tschanz, den Mörder Schmieds, als Henker, der das vom Richter Bärlach gesprochene Urteil an Gastmann vollstreckt. Damit verlässt der Kommissar den Boden des Rechts im Namen einer von ihm selbst festgelegten Gerechtigkeit. Urteil und Strafe werden eins, wie er Gastmann gegenüber ausspricht: „Ich bin der einzige, der dich kennt, und so bin ich auch der einzige, der dich richten kann. Ich habe dich gerichtet, Gastmann, ich habe dich zum Tode verurteilt.“ (100) Diese Aussage bezeugt die unerbittliche und rigide Einstellung Bärlachs, der von der moralischen Richtigkeit seines Handelns überzeugt ist: „[…] das muß nun eben einmal in Gottes Namen getan werden.“ (Ebd.)

Bärlachs fragwürdige Selbstjustiz

Tschanz als Werkzeug

Am Ende macht Bärlach Tschanz in einem letzten grandiosen Täuschungsmanöver die Hoffnungslosigkeit von dessen Situation klar: Das Abendessen, zu dem der alte Kommissar den jungen Polizisten eingeladen hat (angeblich, um dessen Sieg zu feiern), artet in eine Ess- und Trinkorgie Bärlachs aus, die den entsetzten Tschanz annehmen lässt, dass der Alte gar nicht krank ist. Bärlach bestärkt ihn in diesem Glauben und lässt ihn dadurch immer weiter seine Unterlegenheit spüren:

> „Der Alte reckte sich in seinem Stuhl, nun nicht mehr krank und zerfallen, sondern mächtig und gelassen, das Bild einer übermenschlichen Überlegenheit, ein Tiger, der mit seinem Opfer spielt" (112 f.).

Nach und nach enthüllt Bärlach seinen eigenen perfiden Plan und Tschanz' Rolle darin; von Anfang an hatte er Schmieds Mörder durchschaut und dann diesen kaltblütig als Werkzeug benutzt, um sein ursprünglich vorgesehenes Werkzeug – eben Schmied – zu ersetzen. Dabei zeigt er keinerlei Mitgefühl; die einzig sichtbare Regung ist seine Verachtung Tschanz gegenüber, der zunächst seinen Plan durchkreuzt hat, dann aber zum Erfüllungsgehilfen des Kommissars gemacht werden konnte: „Da habe ich *dich* genommen, dich, den Mörder, und habe dich in meine furchtbarste Waffe verwandelt [...]. Ich machte mein Ziel zu deinem Ziel." (116)

Dämonische Züge Bärlachs

Bärlach wird in dieser Szene mit grausamen, unheimlichen, fast unmenschlichen Zügen versehen; er erscheint wie ein „Dämon" (111), sein Schatten an der Wand gleicht dem „Tanz eines triumphierenden Negerhäuptlings" (ebd.), er bietet ein „unheimliches Schauspiel" (ebd.), Tschanz sieht in ihm den „grauenvollen Alten" (ebd.), der ihm eine „heimtückische Falle" (112) gestellt hat. Wie wenig Bärlach letzten Endes am Schicksal Tschanz' interessiert ist und wie sehr es ihm einzig und allein darum ging, Gastmann zur Strecke zu bringen, wird am Ende deutlich, als er Tschanz gehen lässt bzw. ihn nahezu drängt: „Es ist genug, dass ich *einen* richtete. Geh! Geh!" (117) Offen bleibt, ob Bärlach ahnt, dass Tschanz sich in seiner Verzweiflung selbst richten wird oder ob er eine menschliche Regung wie Mitleid verspürt. Sicher ist jedenfalls, dass mit Gastmanns Hinrichtung und Tschanz' Entlarvung Bärlachs letzte Kraftreserven aufgebraucht sind – er wird wieder zu dem todgeweihten Kranken, dem nur die schnellstmögliche Operation noch ein wenig Lebenszeit verschaffen kann.

Gastmann

KURZINFO

Verbrecher im großen Stil

- Es werden widersprüchliche Angaben zu Gastmanns Biografie gemacht.
- Sein Haus ist Ort von Geheimverhandlungen.
- Durch eine Wette ist Gastmann lebenslang mit Bärlach verbunden.

Der Gegenspieler – „ein immer besserer Verbrecher"

Kein eindeutiges Bild von Gastmann

Obwohl im Verlauf der Handlung recht schnell deutlich wird, dass Gastmann die klassische Rolle des Hauptverdächtigen zugewiesen bekommt (wenn auch nicht direkt durch Bärlach), erhält der Leser kein zufriedenstellend eindeutiges Bild von ihm. Das liegt vor allem daran, dass Gastmann nur an ganz wenigen Stellen der Handlung als Person in Erscheinung tritt und die Informationen über seine Biografie widersprüchlich sind und aus ganz unterschiedlichen Quellen kommen. So stehen Selbstäußerungen und -charakterisierungen aus Gastmanns Dialogen mit Bärlach neben angeblich gesicherten Details, die Tschanz und Lutz recherchiert haben, und Fremdcharakterisierungen, u.a. durch von Schwendi, den Schriftsteller – und schließlich durch Bärlach.

Zum ersten Mal tauchen Gastmann als großes G im Kalender des getöteten Schmied und sein Haus als Ort der kulturellen Veranstaltungen auf, die Schmied regelmäßig besuchte. Es ist anzunehmen, dass auch der Mann, der nach der Erschießung des Hundes durch Tschanz das Fenster öffnet und „mit einer seltsamen und klaren Stimme rief, was sie da trieben" (35), Gastmann ist. Seine Reaktion ist ruhig, fast ironisch; selbstbewusst und unaufgeregt beherrscht er die Situation und entzieht sich einer Befragung (vgl. ebd.).

Offizielles Bild: sympathischer Gönner

Die Befragung der Dorfpolizisten durch Tschanz ergibt sozusagen das offizielle Bild von Gastmann, den diese bereits ohne Ergebnis zum Fall Schmied verhört hatten. In ihren Augen ist er der sympathischste und beliebteste Mensch im ganzen Kanton, sehr reich und großzügig; er zahlt die Steuern für das ganze Dorf Lamboing (vgl.

41). Als Gastmanns Beruf gibt der Polizist Charnel „Philosophe“ (ebd.) an und liefert als frappierend einfache Erklärung dazu: „Ein Mann, der viel denken und nichts machen.“ (Ebd.)

Von Schwendis Bild: Gastmann als Geheimdiplomat

Dieses Bild einer gesellschaftlich anerkannten und hochstehenden Persönlichkeit wird von Gastmanns Anwalt von Schwendi im Gespräch mit Untersuchungsrichter Dr. Lutz weiter ausgeschmückt. Gleichzeitig zeigt sich zum ersten Mal eine direkte Verbindung zum Fall Schmied, da dieser sich laut von Schwendi wiederholt unter falschem Namen in Gastmanns Haus aufhielt. Von Schwendi tut alles, um seinen „braven Gastmann“ (46) vor jeglicher polizeilichen Untersuchung zu schützen. Dazu beschreibt er dem perplexen Lutz seinen Klienten als zentrale Figur in den Geheimverhandlungen zwischen Schweizer Industriellen und Geschäftsleuten mit einer fremden Macht. Die Verhandlungen finden in Gastmanns Villa unter dem Deckmantel kultureller Veranstaltungen statt. Von Schwendi bezeichnet Gastmann als prädestiniert dafür, diese Verhandlungen auszurichten:

> „Sein hochverehrter Klient [...] besitze nun einmal das nötige menschliche Format dazu. Als jahrelanger Gesandter Argentiniens in China genieße er das Vertrauen der fremden Macht und als ehemaliger Verwaltungspräsident des Blechtrusts jenes der Industriellen.“ (53)

Die beeindruckende, schillernde Persönlichkeit Gastmanns wird später noch durch Recherchen des Dr. Lutz ergänzt. Er berichtet Bärlach, dass Gastmann in Sachsen als Sohn eines Großkaufmanns geboren sei, später in Argentinien gelebt und dieses Land als Gesandter in China vertreten habe, schließlich Franzose geworden sei, das Kreuz der Ehrenlegion trage, Publikationen zu biologischen Fragen geschrieben habe und sich sogar leisten konnte, es abzulehnen, in die Académie Française (Akademie für französische Sprache und Literatur in Paris) aufgenommen zu werden (vgl. 74). Im Gegensatz zum naiven Lutz („Das imponiert mir“, ebd.) kennt Bärlach – und damit auch der Leser aus der Konfrontation zwischen dem Kommissar und Gastmann unmittelbar vorher – allerdings die andere Seite Gastmanns.

Dr. Lutz ist beeindruckt

Gastmanns Selbstdarstellung: Großverbrecher und Mörder

Diese wird am ausführlichsten und eindrücklichsten in dem zentralen Dialog zwischen Bärlach und Gastmann, der in das Haus des Kommissars eingedrungen ist, vorgestellt. Gastmanns Ausführungen sind nicht nur Rückschau und Klärung der langen gemeinsamen Geschichte der beiden Männer, besonders im Hinblick auf die fatale Wette in Konstantinopel, sondern liefern auch eine ausführliche Selbstdarstellung Gastmanns, der unumwunden über den Beginn und Verlauf seiner Karriere als Verbrecher spricht. Er sieht sich damals wie heute als ein „herumgetriebener Abenteurer wie jetzt noch, gierig, dieses mein einmaliges Leben und diesen ebenso einmaligen, rätselhaften Planeten kennenzulernen“ (65).

Ewiger Kampf mit Bärlach

Die aus einer Mischung von jugendlichem Übermut und zu viel Alkohol zustande gekommene Wette mit Bärlach hat er, anders als dieser, im wahrsten Sinne des Wortes todernst genommen, indem er in aller Öffentlichkeit einen deutschen Kaufmann von der Brücke stieß – ein Verbrechen, das Bärlach ihm niemals nachweisen konnte und Gastmann als Gewinner der Wette aussehen ließ. Dieser Mord war der Beginn seiner Verbrecherlaufbahn, die er mit derselben Kaltblütigkeit und Kühnheit sowie frei jeder moralischer Bedenken und Regeln ausgebaut hat. Es wird deutlich, dass ein entscheidender Faktor in Gastmanns Leben der Kampf mit Bärlach ist: „[...] immer wieder trieb mich die Lust, unter deiner Nase sozusagen immer kühnere, wildere, blasphemischere Verbrechen zu begehen.“ (69) Bärlachs Scheitern im Hinblick auf eine Entlarvung des vielfachen Verbrechers Gastmann korrespondiert mit dessen immer heller scheinenden Oberfläche des erfolgreichen Karrieristen, „im Lichte glänzender Positionen, ordenübersät“ (70). Für ihn ist das Ganze ein – bis jetzt erfolgreiches – Spiel: „Welch ein abenteuerlicher Spaß!“ (Ebd.)

Gleichzeitig spielt er Bärlach gegenüber seine Überlegenheit aus, indem er diesen auf verschiedene Weise demütigt: Er zeigt ihm, dass er geheime Informationen besitzt (über Schmieds Recherchen und Bärlachs schlechten Gesundheitszustand), wirft das Messer nach ihm, täuscht ihn in Bezug auf den angeblich nicht geladenen Revolver. In einer fast schon prophetisch wirkenden Äußerung bilanziert Gastmann den über vierzigjährigen Kampf: „Nun sind wir am Ende unserer Laufbahn" (ebd.), wobei für ihn dieses Ende mit der endgültigen Niederlage des todgeweihten Bärlach identisch ist.

Aussagen über seine Herkunft

Nebenbei liefert Gastmann auch eine weitere Version seiner Herkunft: In Lamboing, „diesem gottverlassenen Dorf" (ebd.), habe ihn „irgendein längst verscharrtes Weib einmal geboren, ohne viel zu denken und reichlich sinnlos" (ebd.), der Vater ist offenbar unbekannt. So habe er sich schon als Dreizehnjähriger „in einer Regennacht fortgestohlen" (ebd.). Diese emotionslose, fast sarkastische Darstellungsweise weist auf die schon frühe Bindungslosigkeit und das Fehlen jeglicher menschlicher Regung hin.

Schriftsteller: Gastmann – ein Nihilist

Das dunkle Bild Gastmanns wird schließlich noch durch den Schriftsteller ergänzt, der von Bärlach und Tschanz aufgrund seiner häufigen Besuche in Gastmanns Haus befragt wird. Zwar bezeichnet er Gastmann als interessanten Menschen (vor allem auch für einen Schriftsteller, der gerne Menschen beobachtet) und schwärmt von dessen Kochkünsten, gibt ihm sogar ein Alibi für die Zeit des Mordes an Schmied. Aber auf die platte Frage des ungeduldigen Tschanz, ob Gastmann ein guter oder ein schlechter Mensch sei, legt der Schriftsteller sich fest: „Gastmann ist ein schlechter Mensch" (80). Auf Bärlachs präzisierende Frage führt er aus: „Ich halte Gastmann zu jedem Verbrechen fähig" (81). In einer für den Kommissar interessanten Erläuterung zeichnet er ein Charakterbild Gastmanns, das sich vor allem auf dessen Motivation und Grundeinstellung zum Leben bezieht; dieser sei „nun wirklich ein Nihilist" (82). Für den Schriftsteller bedeutet das, dass Gastmann nicht an bestimmten Regeln oder Werten, also z. B. Vorstellungen von Gut und Böse, oder an (materiellen) Zielen oder an irgendeinem anderen Sinn orientiert handelt, sondern aus einer Laune heraus, „denn bei ihm sind immer zwei Dinge möglich, das Schlechte und das Gute, und der Zufall entscheidet" (ebd.). Gastmanns Nihilismus bestehe in einer besonderen Freiheit: „Bei ihm ist das Böse nicht der Ausdruck einer Philosophie oder eines Triebes, sondern seiner Freiheit: der Freiheit des Nichts." (83)

Gastmann und Bärlach – „wie ein graues Gespenst"

Gastmann ist eher ein theoretisches Konstrukt als eine Figur ‚aus Fleisch und Blut'. Seine Verbrechen werden nur von ihm selbst skizziert, nie sieht man ihn als aktiv Beteiligten. Er spricht, droht, kündigt an, reagiert. Aber seine wichtigste Funktion ist nicht die des Kriminellen, der sich in einer konkreten Situation einen Kampf mit dem Vertreter von Recht und Gerechtigkeit liefert. Vielmehr ist er der ewige Schatten, „ein graues Gespenst" (69) im Leben Bärlachs, unauflöslich verstrickt mit dessen Schicksal: „Wahrlich, *eine* Nacht kettete uns für ewig zusammen!" (70) Die beiden Figuren scheinen ihre Lebens- und Handlungsenergie fast aus der jeweiligen Existenz des anderen zu beziehen: „Deine Sehnsucht war, mein Leben zu zerstören, und meine war es, mein Leben dir zum Trotz zu behaupten." (Ebd.)

Gastmann als Schatten im Leben Bärlachs

Im Gespräch Bärlachs mit dem Schriftsteller wird die Funktion Gastmanns noch weiter veranschaulicht: Es ist von einem „Bild" die Rede, das der Schriftsteller sich von ihm gemacht hat. Für ihn ist Gastmann die Umsetzung der „Möglichkeit eines Menschen" (82) – in diesem Fall eines Nihilisten –, der man interessanterweise in der Realität begegnet. Und obwohl Bärlach am Ende des Gesprächs betont, er habe es mit einem wirklichen Gastmann zu tun und wolle wissen, ob das vom Schriftsteller formulierte Bild das richtige oder „jenes Ihrer Träume" (83) sei, macht der Schriftsteller postwendend (und ohne Widerspruch Bärlachs) deutlich, dass auch der Kommissar bereits ein ganz bestimmtes Bild von Gastmann hat: „‚Unserer Träume', sagte der Schriftsteller. Der Kommissär schwieg." (Ebd.)

Gastmann als theoretisches Konstrukt

Es wäre also zu einfach, Gastmann als Gegenpol oder reine Kontrastfigur zu Bärlach zu sehen. Als Menschen sind sie sich ähnlicher, als es an der Oberfläche erscheint. Gastmann verdeutlicht dies in seiner Rückschau: „Wir liebten uns auf den ersten Blick" (65); sie hatten direkt Zugang zueinander, diskutierten leidenschaftlich. Die Wette markierte einen Wendepunkt in ihrer Beziehung, rein äußerlich entwickelten sie sich in völlig entgegengesetzte Richtungen. Eine grundsätzli-

Besessenheit als Gemeinsamkeit zwischen Bärlach und Gastmann

che Gemeinsamkeit ist aber bestehen geblieben: die Besessenheit, mit der sie – wenn auch gegeneinander – ihre Vorstellungen umsetzen, Gastmann die von der absoluten Freiheit des Handelns, Bärlach die von der absoluten Durchsetzung von Gerechtigkeit. Insoweit könnte man die beiden auch als Parallelfiguren bezeichnen.

Tschanz

KURZINFO

Das Werkzeug

- Tschanz war neidisch und eifersüchtig auf Schmied.
- Er hat Schmied getötet.
- Bärlach hat ihn durchschaut und benutzt ihn als Henker für Gastmann.

Tschanz als ehrgeiziger Assistent Bärlachs

Aus klassischen Kriminalromanen bzw. Detektivgeschichten kennt der Leser die Figur des Kollegen bzw. treuen Helfers der Hauptfigur, oftmals in deren Schatten stehend, manchmal mit kontrastierenden Charaktereigenschaften, aber immer wieder für wichtige oder entscheidende Impulse gut. Polizeileutnant Tschanz, den Bärlach sich ausdrücklich als Assistenten wünscht, scheint zunächst diesem Bild zu entsprechen. Dr. Lutz hält sehr viel von ihm, da er ihn auf einer Linie mit seinen eigenen Vorstellungen sieht: „Tschanz ist ein Mann, der immer bemüht ist, kriminalistisch auf der Höhe zu bleiben." (15) Tschanz bestätigt diesen Eindruck zunächst auch, da er sich – nachdem er seinen Urlaub abbrechen musste – im ersten Zusammentreffen mit Bärlach als vollkommen informiert über den Tathergang und die Untersuchungsergebnisse zeigt (und damit natürlich das Gegenteil des konservativen, die neuesten Techniken ablehnenden oder formale Ergebnisse ignorierenden Bärlach ist). Die Tatsache, dass Tschanz' Gesicht bei seinem ersten Erscheinen als „gutmütiges, volles Antlitz" (18) beschrieben wird, lässt ein gutes, sich gegenseitig ergänzendes Zusammenarbeiten der beiden Polizisten erwarten.

Tschanz kopiert den toten Schmied

Allerdings fällt etwas auf, das für den Leser zunächst keine größere Bedeutung hat, Kommissar Bärlach aber erschrecken lässt, „denn im ersten Moment glaubte er, der tote Schmied komme zu ihm. Tschanz trug den gleichen Mantel wie Schmied und einen ähnlichen Filzhut." (Ebd.) Erst später wird klar, dass sich in diesem Augenblick bereits eine unauflösliche Verbindung zwischen Tschanz und Schmied manifestiert (vergleichbar der zwischen Bärlach und Gastmann), die dann zur Ermordung des einen durch den anderen führte.

Sein Minderwertigkeitskomplex gegenüber Schmied …

Tschanz' Charakter und damit auch seine gesamte Handlungsweise sind von einer einzigen Kraft geprägt: dem Gefühl des Unterlegenseins gegenüber Schmied, einer Mischung aus Sozialneid und beruflichem wie gesellschaftlichem Minderwertigkeitsgefühl. Dies äußert sich einerseits in Gesprächen mit Bärlach: „Schmied hatte reiche Eltern und durfte das Gymnasium besuchen. Das konnte sich unsereiner nicht leisten." (26). Zum anderen versucht er permanent, die Morduntersuchungen selbstständig voranzutreiben und so dem Kommissar zu beweisen, dass er es mit Schmied aufnehmen kann (wobei erst später klar wird, dass er mit dieser Hyperaktivität auch von sich als Täter ablenken will).

… und sein Hass auf Intellektuelle

Intellektuelle sind Tschanz ein Gräuel (auch das sicher ein Reflex auf Schmied, der nicht nur Griechisch und Lateinisch konnte, sondern auch studiert hatte). Als er erfährt, dass ein Schriftsteller oft zu Gast bei Gastmann gewesen ist, äußert er gegenüber den beiden Polizisten Clenin und Charnel verächtlich: „[…] ich werde mir wohl dieses Exemplar einmal vorknöpfen müssen. Schriftsteller sind immer dubios, aber ich komme diesen Übergebildeten schon bei." (40) Und als das Gespräch in Bärlachs Begleitung mit dem Schriftsteller schließlich stattfindet, hält Tschanz die Situation kaum aus – das langatmige Gespräch der beiden Genussmenschen reizt ihn bis zur Weißglut, so dass er mit ungeduldigen, viel zu direkten Fragen dazwischengeht, ohne ein für sich zufriedenstellendes Ergebnis zu erzielen. Die anschließende herablassende Äußerung Bärlachs, der junge Kollege habe wie „ein Ochse in seinem Ungestüm" (81) agiert, macht dem verärgerten Tschanz einmal mehr seine Unzulänglichkeit und intellektuelle Unterlegenheit deutlich.

Im Auto mit Bärlach brechen schließlich Tschanz' ganzer Hass, sein brennender Ehrgeiz und seine Verzweiflung angesichts seines beruflichen Misserfolgs, für den er Schmied verantwortlich macht, aus ihm heraus:

> „Jahrelang bin ich im Schatten gestanden, Kommissär. [...] Immer hat man mich übergangen, mißachtet, als letzten Dreck benutzt, als besseren Briefträger! [...]
> Und jetzt, [...] da ich einmal eine Chance habe, soll alles für nichts sein, soll meine einmalige Gelegenheit hinaufzukommen in einem blödsinnigen diplomatischen Spiel zugrunde gehen!" (86)

Dass er mit diesen Aussagen nicht nur eine treffende Selbstanalyse liefert, sondern auch sein Motiv, Schmied im wahrsten Sinne des Wortes aus dem Weg zu räumen, wird dem Leser (anders als Bärlach, der das alles längst weiß) erst später klar.

Tschanz übernimmt quasi Schmieds Identität

Tschanz' Besessenheit in Bezug auf Schmied geht so weit, dass er quasi dessen Identität übernehmen möchte: Er kauft Schmieds blauen Mercedes und verabredet sich mit dessen Verlobter Anna noch am Tag der Beerdigung. Später bittet er sie sogar, für ihn das Gleiche wie für ihren verstorbenen Bräutigam zu sein (vgl. 102). Diese Fixierung in Tschanz' Handlungsweise, die auch Ausdruck einer Eindimensionalität seines Charakters ist, macht ihn zur leichten Beute für Bärlachs Plan, Gastmann endgültig zur Strecke zu bringen: Tschanz wird so zum Henker, der Bärlachs Urteil vollstreckt. Er selbst glaubt, damit endgültig jeden Verdacht von sich abgelenkt zu haben (was in der offiziellen Untersuchung ja auch zum Abschluss des Falls durch Dr. Lutz führt). Zu spät wird ihm klar, dass er die ganze Zeit durch Bärlach wie ferngesteuert worden ist. Das spiegelt sich in der langen Beschreibung von Tschanz' Weg zu Gastmanns Villa, wo es u.a. heißt: „Doch Tschanz sah nichts und kümmerte sich um nichts. [...] Er schritt weiter, ohne zu denken, ohne zu sehen, nur von *einem* Willen getrieben, von *einer* Leidenschaft beherrscht." (104).

Bärlach hat Tschanz durchschaut und benutzt ihn für seine Zwecke

Aussichtslose Situation von Tschanz

Die finale Zusammenkunft mit Bärlach, jenes opulente Schauspiel, das der Kommissar ihm bietet, ist zugleich Aufklärung und endgültige Zerstörung von Tschanz. Die

Erkenntnis, auch dieses Mal wieder nicht selbstbestimmt gehandelt zu haben, anstatt Schmied nun Bärlach unterlegen und von diesem zu einem weiteren Mord manipuliert worden zu sein, lässt ihn die ganze Ausweglosigkeit seiner Existenz erkennen. Er ist nichts weiter als die letzte „Chance" für Bärlach gewesen, Gastmann zu vernichten (wobei die Ähnlichkeit zwischen „Chance" und dem Namen Tschanz sicher nicht zufällig ist). Sein eigener Tod, der sicher als Selbstmord anzusehen ist, bildet das konsequente Ende dieses gescheiterten Lebens.

Dr. Lutz

KURZINFO

Karikatur eines hohen Polizeibeamten

- Kriminalistisch unfähig, eine schwache Persönlichkeit
- Wird von allen handelnden Personen manipuliert

Bärlachs Vorgesetzter

Dr. Lucius Lutz ist Untersuchungsrichter und Chef der Berner Kriminalpolizei, somit auch Bärlachs Vorgesetzter. Von Anfang an wird er in seiner Rede- und Handlungsweise derart lächerlich präsentiert, dass man diese Figur nur als eine Karikatur betrachten kann. Das fängt bereits mit einem ironischen Kommentar des Erzählers an, der Lutz einen Beamten nennt, „in dessen stadtbernisches Geschlecht ein Basler Erbonkel wohltuend eingegriffen hatte" (8) – ein Hinweis darauf, dass Lutz seinen Aufstieg wohl weniger seinen Fähigkeiten als seinen gesellschaftlichen Beziehungen zu verdanken hat.

Unfähigkeit als Kriminalist und als Autoritätsperson

Es besteht ein großer Kontrast zwischen Lutz' Selbstbild und seiner tatsächlichen kriminalistischen Kompetenz. Zwar hält er Vorlesungen an der Universität über Kriminalistik und hat einen Besuch bei der New Yorker und Chicagoer Polizei absolviert, was ihn immer wieder zu abschätzigen Bemerkungen über die rückständige Arbeit der Schweizer Polizei veranlasst. (Er sei erschüttert „über den vorweltlichen Stand der Verbrecherabwehr der schweizerischen Bundeshauptstadt", wie er dem Polizeidirektor gegenüber wichtig tut, vgl. 8.) Andererseits geht von ihm im Fall des ermordeten Schmied keine einzige gewinnbringende Initiative aus – im Gegenteil: Die von ihm beschafften Informationen über Gastmann erweisen sich als falsch, seine überaus positive Einschätzung des Tschanz ebenso. Nur zu gern schließt er nach der Tötung Gastmanns durch Tschanz den für ihn so unangenehmen Fall ab, ohne auch nur im Geringsten die von Tschanz behauptete Notwehrhandlung zu überprüfen. Dabei geht er sogar so weit, sein ‚wissenschaftliches' und Bärlachs ‚menschlich-biederes' Vorgehen gleichermaßen als wirkungslos zu bezeichnen:

> „[...] Tschanz hat uns ganz unwissenschaftlich mit seinem bloßen Revolver widerlegt. Ich will nicht wissen, wie. Nun gut, es war Notwehr, wir müssen ihm glauben, und wir dürfen ihm glauben." (108)

Lutz' Schlussfolgerung gegenüber Bärlach, „aber wie Esel stehen wir da, wir beide" (ebd.), kann der Leser allerdings nur im Hinblick auf Dr. Lutz selbst schmunzelnd zustimmen.

Schwacher Charakter, leicht zu beeinflussen

Nicht nur als Kriminalist, sondern auch als Persönlichkeit im Allgemeinen gibt Lutz ein äußerst schwaches Bild ab. Er ist feige, hat keinerlei Autorität und Durchsetzungsfähigkeit – weder im Kleinen, da er Bärlach trotz seines Ärgers das Rauchen in seinem Büro nicht verbieten kann, noch im Großen, da er ohne große Gegenwehr seinen Parteigenossen von Schwendi die Ermittlungen gegen Gastmann torpedieren lässt. Lutz ist unfähig, sich gegen von Schwendis machtbewusste Vorgehensweise durchzusetzen; er wird von diesem regelrecht vorgeführt, ja erniedrigt. Der Nationalrat nennt ihn spöttisch „Dökterli" (46), „Lützchen" (54), „Dökterchen" (55), womit die ganze hilflose Unterlegenheit des Untersuchungsrichters unterstrichen wird.

Wird seiner eigentlichen Aufgabe in keiner Weise gerecht

Zwar versucht Lutz mehrmals, sich formell auf seine Aufgabe als Chef der Polizei zu berufen („Die Tatsache, daß Schmied bei Gastmann war, zwingt leider die Polizei, sich mit deinem Klienten zu befassen, lieber Oskar", 48), aber diese Versuche werden immer wirkungsloser. Lutz' Gesprächsbeiträge werden knapper und deuten auf Rückzug. Schließlich knickt er endgültig vor von

Schwendis Forderungen ein, indem er diesem verspricht, Gastmann zu verschonen und keine Hausdurchsuchung bei ihm vornehmen zu lassen (vgl. 54). Seine Ausführungen dazu sollen jovial und großzügig klingen, sind aber Ausdruck einer vollkommenen Perversion der eigentlich erforderlichen kriminalistischen Vorgehensweise: So bittet er förmlich von Schwendi darum, bei einer eventuell doch nötigen Befragung Gastmanns anwesend zu sein („[...] eine Untersuchung muß vollständig sein", ebd.), um am Ende vollständig zu kapitulieren:

> "Wir werden über Kunst sprechen, um die Untersuchung so harmlos wie nur immer möglich zu gestalten, und ich werde keine Fragen stellen. Sollte ich gleichwohl eine stellen müssen - der Formalität zuliebe -, würde ich dir die Frage vorher mitteilen." (Ebd.)

Wird von allen manipuliert

So erweist der Untersuchungsrichter sich, wenn nicht als korrupt, so doch als manipulierbar – sowohl direkt und unverhohlen vom Nationalrat als auch kriminalistisch von Tschanz' und indirekt damit auch von Bärlachs Täuschungen.

Von Schwendi

KURZINFO

Karikatur eines Politikers

- Überheblich und eingebildet
- Handelt nur im eigenen Interesse und dem seines Klienten Gastmann
- Torpediert die Arbeit der Polizei

Nationalrat, Oberst und Gastmanns Anwalt

Oskar von Schwendi, versehen mit dem dreifachen Titel Nationalrat, Oberst und Advokat, ist ebenfalls als Karikatur angelegt. Gleich bei seinem ersten Auftritt vor Gastmanns Haus – Tschanz hat dessen Hund erschossen, um Bärlach zu retten – wirkt er, offenbar auch ein wenig alkoholisiert, in seiner übertriebenen Aufgeregtheit, seinem arroganten, aufgeblasenen Auftreten und seinem harschen Kommandoton eher wie eine Witzfigur als ein ernst zu nehmender Gesprächspartner für Bärlach und Tschanz. Nachdem der Politiker in ihm die beiden Fremden für Separatisten und der Offizier in ihm sie dann für Terroristen gehalten hat, wird von Schwendi erst „mit einem Schlag nüchtern" (36), als Bärlach sich als Kommissar der Berner Polizei zu erkennen gibt. Diese Nachricht lässt von Schwendi, der sich nun auch noch als Gastmanns Anwalt entpuppt, auffällig freundlicher und verbindlicher werden. Er verspricht sogar, am nächsten Tag bei Bärlach auf dem Polizeirevier zu erscheinen.

Setzt seinen Parteifreund Lutz unter Druck

Es stellt sich allerdings heraus, dass es von Schwendi am nächsten Morgen nicht um Kooperation mit den ermittelnden Beamten geht. Stattdessen sucht er direkt seinen Parteifreund Dr. Lutz auf, den er in der Vergangenheit gefördert hat und mit dem er inzwischen per Du ist. Diese Beziehung nutzt der Nationalrat gnadenlos aus, indem er den schwachen und hilflosen Untersuchungsrichter so sehr unter Druck setzt, dass dieser schließlich verspricht, von einer ernsthaften Untersuchung bei von Schwendis Klienten Gastmann abzusehen.

Enthüllt Geheimverhandlungen in Gastmanns Haus

Der Nationalrat geht dabei strategisch nach einem ganz bestimmten (sicherlich mit Gastmann abgestimmten) Plan vor: Er vermittelt Lutz seine Überlegenheit, indem er ihn seinen Wissensvorsprung in Bezug auf Schmied spüren lässt („Die Polizei erfährt also eine große Neuigkeit; die Polizei weiß also wieder gar nichts", 47). Gleichzeitig deutet er an, dass in Gastmanns Haus wichtige diplomatische Geheimverhandlungen stattfinden, die der unbedarfte Lutz überhaupt nicht überblicken kann. In Anbetracht der wahren Identität Gastmanns, der Tragweite der Verbrechen, an denen dieser beteiligt ist, und der moralischen Fragwürdigkeit der Geschäfte, die zwischen einer fremden Macht und Schweizer Industriellen eingefädelt werden, klingt von Schwendis Spruch „Gut […], reden wir ehrlich miteinander" (49) wie Hohn. Er bleibt bewusst vage und kompensiert die mangelnde Bereitschaft zur Kooperation und Aufklärung mit zynischen Attacken, die sowohl die Polizei als auch Lutz beleidigen: „Was sich nämlich dort im Jura abspielt, das geht die Polizei nun doch wohl einen Dreck an, wir haben noch lange nicht die Gestapo." (46) – „Es gibt schließlich in der modernen Industrie Verhandlungen, in die sich der Staat nicht einzumischen hat, Herr Untersuchungsrichter." (51)

Neben seiner herablassenden Art Lutz gegenüber („Du hast eben noch nie etwas von Politik verstanden, lieber Lucius", 50) zeigt sich vor allem von Schwendis moralische Skrupellosigkeit, mit der er finanzielle Interessen über die Aufdeckung der Wahrheit stellt: „Millionen stehen auf dem Spiel, Dökterchen, Millionen!" (55) Damit gibt er das Bild eines Politikers ab, der alles andere als im Dienst der Öffentlichkeit tätig ist, keine klaren Positionen bezieht und ganz offensichtlich korrumpierbar ist. Wie kritisch dieser Typ Politiker im Roman gesehen wird (zu dem im Übrigen aus anderen Gründen auch Lutz zu zählen ist), erweist sich schon im lächerlichen Namen der Partei, deren Mitglieder die beiden sind: „Partei der konservativen liberalsozialistischen Sammlung der Unabhängigen" (45).

Am Ende – nach der Tötung Gastmanns durch Tschanz – ist von Schwendi nur zu gern bereit, sich die von Lutz vorgestellte Version des Verbrechens, mit Gastmann als Hauptschuldigem, zu eigen zu machen. Dabei geht es ihm, anders als dem zum pathetischen Philosophieren neigenden Lutz, hauptsächlich darum, sich selbst als Opfer einer großen Intrige aus der Affäre zu ziehen: „Unsere Kreise werden eben von allen möglichen Leuten geradezu schamlos ausgenützt [...]. Es ist peinlich, überaus peinlich." (107) Bis zuletzt ist von diesem Mann – trotz seiner öffentlichen Funktionen als Politiker und Angehöriger des Militärs – also keinerlei Selbstkritik oder Bereitschaft zum Dienst am Gemeinwohl zu erwarten.

Zieht sich aus der Affäre

Der Schriftsteller

KURZINFO

Ein Wiedergänger Dürrenmatts

- Trägt Züge des realen Autors
- Großes Interesse an Gastmann
- Charakterisiert diesen als Nihilisten

Im Allgemeinen wird in der Literaturwissenschaft davon ausgegangen, dass der Autor Friedrich Dürrenmatt sich in der fiktiven Figur des Schriftstellers ‚verewigt' hat – zu deutlich sind die Parallelen in Lebensort und

Große Ähnlichkeit mit dem realen Autor

Wohnsituation, Kind und Hund, Leibesumfang, Kleidungsstil und Vorliebe für Rauchen und gutes Essen. (Da erscheint es nur folgerichtig, dass der Schriftsteller in der Verfilmung des Romans aus dem Jahre 1975 auch von Dürrenmatt selbst gespielt wird.) Nicht ohne eine gehörige Portion Selbstironie zeichnet der Autor zu Anfang des dreizehnten Kapitels den Schriftsteller als mürrisch und abweisend, zugleich sehr egozentrisch und eitel, da er sich enttäuscht darüber zeigt, dass die Polizei ihm den Mord nicht zutraut. Der Gipfel des ironisch-leichten Spiels mit Fiktion und Realität ist erreicht, als der Schriftsteller sagt: „Da haben wir es wieder, die Schriftsteller werden in der Schweiz aufs traurigste unterschätzt!" (77)

Aber die Funktion des dreizehnten Kapitels besteht nicht nur in diesem für den Autor sicher unterhaltsamen Spiel mit der eigenen Identität. Innerhalb der Handlung hat dieses Kapitel eher eine retardierende, d. h. die Spannung verzögernde Wirkung. Die Figur des Schriftstellers liefert allerdings in dem Gespräch mit Bärlach eine der wenigen ausführlicheren Charakterisierungen Gastmanns und darüber hinaus eine allgemeine Betrachtung der Arbeitsweise und Intention eines Schriftstellers – wodurch dann auch wieder die Position des realen Dürrenmatt ins Spiel kommt, wie sie in vielen seiner dichterischen und dichtungstheoretischen Schriften zu finden ist.

Liefert genauere Charakterisierung Gastmanns

Der Schriftsteller bezeichnet Gastmann als interessanten Menschen (vgl. 78), wobei schnell klar wird, dass sich dies weniger auf Gastmanns Kochkünste, gesellschaftliche Veranstaltungen oder auch die Möglichkeit bezieht, er könne im konkreten Fall der Mörder Schmieds sein (für diesen Mord kann der Schriftsteller Gastmann ein Alibi geben). Vielmehr geht es ihm darum, in Gastmann ein ideales Objekt für seine beobachtende Tätigkeit als Schriftsteller zu sehen, die er mit der Tätigkeit eines Polizisten vergleicht:

Der Schriftsteller als Beobachter

> „Er sei eben auch eine Art Polizist, sagte er, aber ohne Macht, ohne Staat, ohne Gesetz und ohne Gefängnis hinter sich. Es sei auch *sein* Beruf, den Menschen auf die Finger zu sehen." (81)

Er führt aus, dass er sich von Gastmann ein Bild gemacht habe, in dem Sinne, dass dieser ihm wie die perfekte Umsetzung eines philosophischen oder auch psychologischen Konzepts erscheine:

Gastmann als Umsetzung eines Konzepts

> „Was mich an ihm fasziniert, ist […] die Möglichkeit eines Menschen, der nun wirklich ein Nihilist ist. […] Es ist immer atemberaubend, einem Schlagwort in Wirklichkeit zu begegnen." (82)

Bis ins Detail vermag der Schriftsteller seine Sicht Gastmanns zu beschreiben, wobei Bärlach staunend bemerkt: „Sie folgern dies, als wäre es Mathematik" (82). Dieser Charakterisierung stimmt der Schriftsteller durchaus zu; was ihn wirklich interessiert, ist das „Programm" (ebd.) Gastmann, also die Möglichkeiten, die in einem solchen Menschen (auch in Abgrenzung zu anderen Charakteren) stecken. Dies in der Wirklichkeit zu beobachten, ist die eigentliche Aufgabe und auch Erfüllung eines Schriftstellers, „man könnte sein Leben daran geben, diesen Mann und diese seine Freiheit zu studieren" (83). Als Bärlach kritisch anmerkt, dass er sich lieber mit dem wirklichen Gastmann und nicht mit dem Bild „Ihrer Träume" (ebd.) beschäftigen möchte, korrigiert der Schriftsteller: „Unserer Träume" (ebd.) und verdeutlicht so, dass auch der Kommissar sich längst ein bestimmtes Bild von Gastmann gemacht hat.

Themen und Darstellung

Eine Wette – und keiner gewinnt

KURZINFO

Der Wettkampf

- Bärlachs und Gastmanns Auffassungen vom Verbrechen führen zu einer Wette.
- Gastmann wird zum Verbrecher.
- Bärlach wird zum Jäger.
- Es gibt nur Verlierer.

Enge Beziehung zwischen Bärlach und Gastmann aufgrund einer Wette

Spätestens im elften Kapitel, das in der Mitte des Romans steht und die erste Begegnung der beiden Protagonisten Bärlach und Gastmann erzählt, wird dem Leser endgültig klar, dass es nur vordergründig um die Lösung eines aktuellen Kriminalfalles geht. Vielmehr wird die gesamte Geschichte von der unauflöslichen Beziehung der beiden Männer bestimmt, die sich bereits seit vierzig Jahren kennen. In einer gemeinsamen Rückschau legen sie die Art der Beziehung offen: Bärlachs und Gastmanns gesamtes Leben wird von einer Wette dominiert, die sie als junge Männer in Konstantinopel eingingen. Laut einer Definition des *Duden* ist eine Wette eine „Abmachung zwischen zwei Personen, nach der derjenige, der mit seiner Behauptung recht behält, vom anderen etwas (z. B. Geld) bekommt". In diesem Sinne sind Bärlach und Gastmann keine Wette eingegangen; sie haben keinen Preis für den Gewinner ausgesetzt, was gleichzeitig das Ende der Wettsituation bedeutet hätte.

Ihre sogenannte Wette begann als eine Art theoretische Auseinandersetzung – allerdings von reichlich Alkohol beflügelt – über ein zunächst eher abstraktes Thema. Die beiden Männer vertraten entgegengesetzte Thesen in Hinblick auf die Aufdeckung von Verbrechen. Während Bärlach behauptete, dass menschliche Unvollkommenheit sowie die Macht des Zufalls letztendlich immer das perfekte, unentdeckte Verbrechen verhindern würden (vgl. 65 f.), hielt Gastmann dem entgegen, dass gerade diese Faktoren es möglich machten, viele Verbrechen unerkannt und somit auch ungestraft zu begehen (vgl. 67). Diese Auseinandersetzung mündete schließlich in eine Wette, an deren Konkretisierung Bärlach allerdings damals nicht glaubte und die sich in Gastmanns Beschreibung wie die moderne Umsetzung einer aus Legenden, Märchen oder anderen literarischen Texten (besonders natürlich aus Goethes *Faust*) bekannten Teufelswette anhört:

> „[…] eine Wette, die wir trotzig in den Himmel hinein hängten, wie wir etwa einen fürchterlichen Witz nicht zu unterdrücken vermögen, auch wenn er eine Gotteslästerung ist, nur weil uns die Pointe reizt als eine teuflische Versuchung des Geistes durch den Geist." (67)

Gastmanns Verbrechen und Bärlachs Scheitern

Was zunächst wie ein blasphemisches Spiel wirkt, auf das sich auch Bärlach ohne Zögern einließ, ist durch Gastmanns kaltblütig geplante Ermordung des deutschen Kaufmanns Realität geworden. Er hat damit den Beweis für seine These geliefert und gleichzeitig Bärlachs widerlegt, dem es trotz aller kriminalistischen Bemühungen nicht gelang, Gastmann zu überführen. In der Erinnerung an jene Tat und ihren Auslöser drückt Bärlach noch einmal seine damalige Fassungslosigkeit aus: „Ich dachte nicht, […] daß diese Wette einzuhalten einem Menschen möglich wäre." (Ebd.)

Unerbittlicher Kampf

In der Folge hat sich die Wette der beiden Männer zu einer existenziellen wie monströsen Verkettung ihrer beider Leben entwickelt, die annähernd einer weiteren Definition des Begriffs im *Duden*, nämlich der Wendung „um die Wette", entspricht: „1. mit der Absicht, schneller, besser als der andere zu sein, sich mit jemandem in etwas messend […]; 2. umgangssprachlich; [in Bezug auf das Ausmaß, die Intensität o. Ä. bei einer Tätigkeit] jeweils einander übertreffend." Die Wette ist also längst zu einem unerbittlichen Kampf geworden, in dem sich die beiden Kontrahenten zu immer neuen Höchstleistungen auf ihren jeweiligen Lebenswegen antreiben. Gastmann formuliert es so: „Ich wurde ein immer besserer Verbrecher und du ein immer besserer Kriminalist" (69).

Wenn man doch von einem Wetteinsatz sprechen will, so ist er nicht materieller Natur, sondern besteht in zwei völlig gegensätzlichen Lebensprinzipien, nämlich dem unbedingten Glauben Gastmanns an seine Freiheit des Handelns und der ebenso bedingungslosen Auffassung Bärlachs von Recht und Gerechtigkeit. Hier wetten nicht Gott und Teufel um einen Menschen, es verwettet auch nicht ein Mensch seine Seele an den Teufel für einen bestimmten Erfolg – hier setzen zwei Menschen immer wieder ihre ganze Lebenskraft ein und sehen ihren Lebenssinn darin, den jeweils anderen zu besiegen, wobei der klare Gegensatz Gut gegen Böse (traditionell: das Göttliche gegen das Teuflische), Recht gegen Unrecht und Verbrechen immer mehr verloren geht.

Bärlach handelt selbst moralisch fragwürdig

Man kann daher nicht mehr vom ‚guten' Bärlach und vom ‚bösen' Gastmann sprechen. Dass Gastmann im Zuge seiner Verbrecherlaufbahn immer wieder schuldig wird, ist eindeutig. In seiner Hybris wähnt er sich längst als Gewinner der Wette bzw. des Kampfes, zumal er um das drohende Lebensende Bärlachs weiß: „Gib es auf, Freund, es hat keinen Sinn. Der Tod wartet nicht." (70) Dieser wiederum wird in der für ihn fast hoffnungslos scheinenden Lage selbst zum moralisch fragwürdig Handelnden. Seine letzte Möglichkeit, den grausamen Wettkampf doch noch erfolgreich zu beenden, besteht darin, seine grundlegenden Auffassungen von Recht und Gerechtigkeit neu zu interpretieren und damit die Grundlage seines Berufes zu ignorieren, indem er zur Selbstjustiz greift und selbst ein Verbrechen begeht. Er wird vom Aufklärer zum Strafenden, vom integren Kriminalisten zum selbstsüchtigen Manipulator, der andere (Schmied und später Tschanz) für seine Zwecke benutzt. Im letzten Gespräch mit Gastmann legitimiert Bärlach sein Tun quasi als Vollstreckung eines göttlichen Urteils: „denn das muß nun eben einmal in Gottes Namen getan werden." (100) Gleichzeitig widerlegt er damit seine eigene These zu Beginn der Wette, dass man mit Menschen unmöglich wie mit Schachfiguren operieren könne (vgl. 67).

Gleichwohl ist dem Kommissar bewusst, dass sich durch die Wette beide schuldig gemacht haben, was er ebenfalls in seinem letzten Gespräch mit Gastmann zugibt: „Du bist in jener Nacht in der Türkei schuldig geworden, weil du die Wette geboten hast, Gastmann, und ich, weil ich sie angenommen habe." (99) Dieses Schuldgefühl – wie seine Unzulänglichkeit, Gastmann zu überführen –

scheint Bärlach innerlich fast zerstört zu haben; vielleicht ist seine schwere Erkrankung als äußere Manifestation davon zu verstehen.

Beide verlieren die Wette

So sind am Ende beide Männer als Verlierer der Wette zu sehen: Gastmann, weil er durch seinen Lebenslauf zwar anfangs seine These beweisen kann, dann aber doch sein Leben verliert für ein Verbrechen, das er nicht begangen hat, und Bärlach, weil er am Ende Gastmann scheinbar besiegt, dafür aber seine Integrität und rechtmäßige Handlungsweise für ein manipulatives ‚Schachspiel' mit ahnungslosen Menschen aufgibt und sich zu einer Position aufschwingt, die seiner Rolle als Kriminalbeamter nicht entspricht.

Das Spiel mit dem Zufall

KURZINFO

Einfluss des Zufalls

- Wichtiger Aspekt von Dürrenmatts Weltbild
- Gegensätzliche Auffassungen Bärlachs und Gastmanns
- Zufälle in der Romanhandlung und ihre Nutzung durch Bärlach

Dürrenmatts Weltsicht

Der Zufall und sein schicksalhafter Einbruch in das Leben der Menschen, die Offenheit und Nicht-Berechenbarkeit menschlichen Verhaltens und menschlicher Erfahrungen, die Unmöglichkeit rein rationalistischer Lösungen für die Probleme einer immer komplizierter werdenden Welt spielen in Friedrich Dürrenmatts Weltauffassung und in vielen seiner Werke eine große Rolle. Immer wieder hat er diesen Ansatz auch in seinen literaturtheoretischen Schriften dargelegt, z. B. im Anhang zu seiner Komödie *Die Physiker*, „21 Punkte zu den Physikern", wo es unter Punkt 4 bzw. Punkt 8 heißt: „Die schlimmstmögliche Wendung ist nicht voraussehbar. Sie tritt durch Zufall ein" und „Je planmäßiger die Menschen vorgehen, desto wirksamer vermag sie der Zufall zu treffen." (Friedrich Dürrenmatt, *Die Physiker*, Zürich: Diogenes 1998, S. 91).

So wundert es nicht, dass der Zufall und der Umgang damit auch im Roman *Der Richter und sein Henker* auf mehreren Ebenen eine wichtige Bedeutung hat. Zunächst einmal ist das Moment des Zufalls in der Vergangenheit grundlegender Bestandteil der Wette zwischen Bärlach und Gastmann, wobei sich beide dieses Moments auf völlig entgegengesetzte Art für die Begründung ihrer jeweiligen Thesen bedienen.

Bärlach geht davon aus, dass der Zufall und damit die Unberechenbarkeit menschlicher Handlungen und Ziele dafür sorgen, dass jedes Verbrechen zwangsläufig aufgedeckt wird. Gastmann hingegen macht gerade den Zufall und die damit verbundene „Verworrenheit der menschlichen Beziehungen" (67) dafür verantwortlich, dass viele Verbrechen unbemerkt und ungestraft begangen werden können. Durch seine planvolle Vorgehensweise, den Mord an dem deutschen Kaufmann, den Bärlach nicht nachweisen kann, gelingt es Gastmann dann, den Zufall für diese konkrete Situation auszuschalten und für lange Zeit wie der Gewinner der Wette auszusehen.

Zufälle in der Romanhandlung

Auch an mehreren Stellen der gegenwärtigen Romanhandlung ist der Fortgang nicht ohne den Eingriff des Zufalls denkbar. Am Tatort des Mordes findet Kommissar Bärlach die Revolverkugel, durch die er später Tschanz als Mörder Schmieds entlarven kann. Hier spielt ihm der Zufall in die Hände, was er dem bewundernden Polizisten gegenüber auch ohne weiteres eingesteht:

> „‚Wie Sie das wieder gemacht haben, Herr Kommissär!' staunte Clenin.
> ‚Das ist nur Zufall', sagte Bärlach, und sie gingen nach Twann hinunter." (17)

Hier entwickelt nun Bärlach aus einem Zufall heraus sein planvolles Vorgehen: Er lässt sich – scheinbar überraschend – von Gastmanns Hund angreifen, so dass Tschanz diesen erschießen muss, um – wiederum scheinbar – Bärlachs Leben zu retten. Damit liefert er selbst Bärlach die Möglichkeit, die Kugeln zu vergleichen und einen Beweis für Tschanz' Schuld zu erhalten, von der der alte Kommissar (im Gegensatz zum Leser) zu dem Zeitpunkt längst überzeugt ist.

Bärlach nutzt den Zufall

Tschanz selbst kann in Bärlachs Handlungskonzept bezüglich der Überführung bzw. Vernichtung Gastmanns zunächst wie eine Art personifizierter Zufall gesehen werden. Der Kommissar hatte Schmied auf Gastmann angesetzt, um Beweise für dessen verbrecherische Aktivitäten zu erlangen. Durch Tschanz' aus persönlichen Neid- und Eifersuchtsgefühlen motivierten Mord an Schmied wird Bärlachs gut kalkulierter Plan erst einmal zunichte gemacht. Aber auch hier verwandelt er den zunächst störenden Eingriff des Zufalls in einen hinterlistigen und letztendlich erfolgreichen neuen Plan: Er treibt Tschanz so in die Enge, dass dieser – als Ablenkung von seiner eigenen Schuld und in der Hoffnung auf beruflichen Aufstieg – Gastmann schließlich tötet. Am Ende resümiert Bärlach Tschanz gegenüber unmissverständlich klar seine Vorgehensweise:

> „[…] Schmied war meine letzte Hoffnung. […] Aber dann bist du gekommen, Tschanz, mit deinem lächerlichen, verbrecherischen Ehrgeiz, und hast mir meine einzige Chance vernichtet. Da habe ich dich genommen, dich, den Mörder, und habe dich in meine furchtbarste Waffe verwandelt […]. Ich machte mein Ziel zu deinem Ziel." (116)

In diesen Äußerungen Bärlachs wird besonders die enge Verknüpfung des Zufalls mit einem anderen den Roman durchziehenden Motiv deutlich: dem Spiel, genauer, dem Schachspiel. Auch hier ist der Ausgangspunkt wieder in der Vergangenheit, der Wette zwischen Bärlach und Gastmann, zu sehen. Ein wichtiger Bestandteil der These Bärlachs war ja (laut Gastmann), dass es „unmöglich sei, mit Menschen wie mit Schachfiguren zu operieren" (67).

Bärlach spielt mit Menschen wie mit Schachfiguren

Im Laufe der Handlung widerlegt Bärlach diese seine These allerdings selbst (im Sinne Gastmanns), indem er Menschen wie Schmied und vor allem Tschanz wie Schachfiguren in seinem Planspiel zur endgültigen Vernichtung Gastmanns hin und her schiebt. Dieser Sinneswandel Bärlachs spiegelt sich in seinen Äußerungen gegenüber Gastmann („Unser Spiel […] können wir nicht aufgeben", 99) und vor allem natürlich gegenüber dem entsetzten Tschanz, dem der alte Kommissar wie ein „unerbittliche[r] Schachspieler" vorkommt, „der ihn matt gesetzt hatte“ (114). Bärlach hat keinerlei Skrupel mehr, seine Vorgehensweise einzugestehen: „‚Sie haben mit mir gespielt‘, sagte Tschanz langsam. ‚Ich habe mit dir gespielt‘, antwortete Bärlach mit furchtbarem Ernst.“ (Ebd.) Im Schachspiel mit Gastmann und Tschanz hat also Bärlach auf ganzer Linie gesiegt, allerdings unter völliger Verneinung bzw. Umkehrung seiner ursprünglichen These, denn sein manipulatives Spiel und damit auch seine schuldhafte Verstrickung werden unentdeckt bleiben, da der Fall Gastmann/Tschanz offiziell zu den Akten gelegt wird.

Instrumentalisierung des Zufalls

Im gesamten Roman bleiben die Aspekte Zufall und planvolles, berechenbares Handeln in einer Art Schwebezustand, wird der Zufall immer wieder instrumentalisiert. Unter Punkt 5 seiner „21 Punkte zu den Physikern“ schreibt Friedrich Dürrenmatt über den Ansatz des Schriftstellers: „Die Kunst des Dramatikers besteht darin, in einer Handlung den Zufall möglichst wirksam einzusetzen“ (*Die Physiker*, S. 91). Als Autor des vorliegenden Kriminalromans hat er diese Aussage in der Gestalt Kommissar Bärlachs umgesetzt.

Die absolute Gerechtigkeit

KURZINFO

Recht und Gerechtigkeit
- Keine klare Konstellation Gut oder Böse
- Versagen staatlicher Institutionen zur Durchsetzung des Rechts
- Bärlachs individueller Gerechtigkeitssinn

Festes Schema traditioneller Kriminalromane

Gemeinhin beruht die große Popularität von traditionellen Kriminal- bzw. Detektivromanen (zur literaturtheoretischen Unterscheidung vgl. S. 72–74) auf ihrer Berechenbarkeit. Bei allen Komplikationen der Handlung, Einschüben von sogenannten *red herrings* („falschen Fährten“) oder Verschleierungen von Motiven der Figuren geht der Leser dennoch von einer grundsätzlichen Konstellation aus: Der Detektiv ist Vertreter einer gerechten Weltordnung, der den Verbrecher, der diese Ordnung stört oder zu zerstören versucht, schließlich zur Strecke bringt. Damit steht er stellvertretend für den ethischen und moralischen Gerechtigkeitssinn des Lesers, für den er eine als möglich dargestellte gesellschaftliche ‚Unordnung' und damit verbundene Unsicherheit und Ängste beseitigt. Noch deutlicher wird dieses Prinzip, wenn die Hauptfigur ein Kommissar, Kriminalbeamter oder Polizist ist, weil sie als Vertreter der staatlichen Exekutive der staatlichen Gerichtsbarkeit (Judikative) zuzuarbeiten hat und damit einen wesentlichen Anteil an der Umsetzung des positiven, das heißt von Menschen festgesetzten Rechts und der Strafverfolgung eines Rechtsbruches hat. Die Aufgaben der Institutionen sind dabei strikt voneinander getrennt.

Detektiv hilft bei der Durchsetzung des Rechts

Die Konstellation in *Der Richter und sein Henker* scheint dieses Schema zunächst zu bestätigen. Ein Verbrechen ist geschehen, die gerechte Ordnung wurde gestört und der Leser erwartet von den Vertretern des Rechts, besonders natürlich von der offensichtlichen Hauptfigur Kommissar Bärlach, die Aufklärung des Unrechts. Die Bestrafung ist dabei, wie in vielen traditionellen Romanen, eher nebensächlich, sie ist erwartbar und wird der Schwere des jeweiligen Verbrechens gemäß ausfallen. (So enden auch viele der traditionellen Romane mit der Aufklärung – sie ist das eigentlich Wichtige, die Leistung des Detektivs bzw. Polizisten.)

Bärlach scheitert als Vertreter des Rechts

Spätestens im elften Kapitel von Dürrenmatts Roman, der Darstellung des ersten Treffens von Gastmann und Bärlach und der Aufdeckung ihrer gemeinsamen Vorgeschichte, wird klar, dass hier die simple Konstellation ‚Vertreter des Rechts gegen Verbrecher' einer viel komplizierteren Beziehung gewichen ist. Die fatale Wette zwischen beiden Protagonisten hat zu Gastmanns erstem Rechtsbruch, dem Mord an dem Kaufmann in Konstantinopel, geführt. Bärlach als Vertreter von Recht und Gerechtigkeit ist es nicht gelungen, ihn zu überführen und die Gerichtsbarkeit von Gastmanns Schuld zu überzeugen. Von da an stellt sich der Nihilist Gastmann vollständig jenseits jeglicher Auffassungen von Gerechtigkeit und Moral, Gut oder Böse: Er wird ein „immer besserer Verbrecher" (69). Parallel dazu wird Bärlach „ein immer besserer Kriminalist" (ebd.), er ist erfolgreich – allerdings nicht in dem einen Fall, der ihm eigentlich wichtig ist. Zynisch macht Gastmann dem Kommissar die Unvollkommenheit von dessen Tun deutlich, indem er ihm attestiert, immer nur die „Dummköpfe", „Diebe [...] und Fälscher [...]", „armen Schlucker [...]" und „armseligen Mörderchen" (70) zu überführen, aber niemals ihn, den erfolgreichen, hochdekorierten, völlig frei und unabhängig agierenden Gastmann.

Versagen der staatlichen Institutionen

Auf einer allgemeinen gesellschaftlichen Ebene – unter Einbeziehung der Figuren Dr. Lutz und von Schwendi – kann man noch von einem viel weiterreichenden Versagen der staatlichen Institutionen sprechen. Dr. Lutz, stellvertretend für die Exekutive, bleibt in seiner Funktion, das Recht zu schützen und Verbrechen aufzuklären, völlig wirkungslos – ja, er unterstützt sogar durch sein Nachgeben gegenüber von Schwendi (immerhin ein Rechtsanwalt) die ganz offensichtlich illegalen Machenschaften von Schweizer Industriellen mit Vertretern einer fremden Macht unter dem Dach Gastmanns.

Durch die Darstellung dieser schwachen und korrupten Vertreter des Rechts stärkt und karikiert Dürrenmatt eine verbreitete öffentliche Meinung, dass immer nur die ‚kleinen Fische' verfolgt, die wirklichen Großverbrecher aber geschont werden. Der organisierte bzw. institutionalisierte Rechtsstaat wird ad absurdum geführt; ein gesellschaftlich verbindlicher Gerechtigkeitssinn spielt im Angesicht des unbehelligten und sogar noch hofierten Großverbrechers Gastmann auf der einen und einer von materiellen Interessen geleiteten und durch Wohlstand zu Macht und Einfluss gelangten kleinen Gruppe von Industriellen auf der anderen Seite keine Rolle mehr.

Bärlachs fanatischer Gerechtigkeitsbegriff

Kommissar Bärlach ist also auf der Ebene des durchzusetzenden Rechts gescheitert. Im Laufe der Jahre hat er aber einen ganz eigenen, nur auf eine Person gerichteten moralischen Gerechtigkeitssinn entwickelt, der letztendlich zu einer fanatischen Verfolgung Gastmanns und dem unbedingten Willen geführt hat, diesen zu vernichten. Dabei setzt Bärlach seinen Anspruch, für Gerechtigkeit sorgen zu müssen, absolut; auch er beginnt, sich jenseits des Regelsystems der Legalität, das er ja eigentlich beachten und schützen muss, zu stellen. Er agiert also im Grunde nicht anders als Gastmann, was noch einmal die durch die Wette begründete wechselseitige Abhängigkeit beider Leben verdeutlicht. Im Gespräch mit Bärlach äußert daher Gastmann: „Deine Sehnsucht war, mein Leben zu zerstören, und meine war es, mein Leben dir zum Trotz zu behaupten.“ (70)

Im Gegensatz zu Gastmann überhöht Bärlach aber sein Handeln durch einen Hinweis auf die ethische und moralische Rechtfertigung seines Tuns im letzten Gespräch mit seinem Kontrahenten: „Er [der Henker] wird dich töten, denn das muß nun eben einmal in Gottes Namen getan werden.“ (100) Die Absolutheit seines Rechts- bzw. Gerechtigkeitsanspruchs ist umgeschlagen in eine alle Grenzen überschreitende Selbstjustiz. Die Formel „in Gottes Namen“ kann in dem Zusammenhang nur eine Floskel sein, denn Bärlachs Handeln ist keinesfalls mit christlichen Vorstellungen vereinbar.

Bärlachs Selbstjustiz

Dass er Tschanz zum Werkzeug seiner Selbstjustiz gemacht hat, leugnet Bärlach nicht – weder sich selbst noch Tschanz gegenüber. Seinem Gerechtigkeitssinn ist mit dem Tode Gastmanns Genüge getan, das weitere Schicksal des jungen Polizisten, der ja schließlich auch durch Bärlachs Schuld zum mehrfachen Mörder geworden ist, interessiert ihn nicht mehr. Er lässt ihn laufen, ohne Rücksicht darauf, dass keins der Verbrechen – weder Gastmanns noch Tschanz’ – jemals aufgeklärt werden wird. Bärlach sieht seine Aufgabe erfüllt: „Ich will dich nie mehr sehen. Es ist genug, daß ich *einen* richtete.“ (117) Am Ende wird Bärlach als todkranker Mann dargestellt, der alle Kraft verloren hat; ein Urteil über sein fragwürdiges Handeln bleibt der subjektiven Einschätzung des Lesers überlassen.

Historische Aufnahme vom Bärenplatz in Bern, Mitte des 20. Jahrhunderts © Staatsarchiv des Kantons Bern

Ort und Szenerie – „Kein schöner Land"?

KURZINFO

Funktion der Orts- und Naturbeschreibungen

- Realismus und Detailtreue aufgrund von Dürrenmatts eigener Lebenssituation
- Gleichzeitig bildhafte Wiedergabe von Gefühlen und Situationen

Besondere Bedeutung der Handlungsorte

Die Kriminalromane berühmter Autoren vor Dürrenmatt bezogen einen großen Teil ihrer Wirkung auch aus den Handlungsorten, bei denen es sich fast immer um große Städte handelte und in deren labyrinthischen Strukturen der Leser sich ohne Mühe Gelegenheiten für alle möglichen Verbrechen vorstellen konnte. So mussten die ganz unterschiedlichen Detektivfiguren – z. B. Raymond Chandlers Philip Marlowe oder Georges Simenons Kommissar Maigret – immer wieder in die ‚Abgründe' dieser Metropolen (sei es z. B. Los Angeles oder Paris) eintauchen, um zur Lösung ihrer Fälle vorzudringen. Gerade in der sogenannten *hard-boiled school* amerikanischer Kriminalromane trägt die realistische Darstellung der Orte mit all ihren menschlichen Facetten und sozialen Gegensätzen zu einer eindrucksvollen Atmosphäre bei.

Oft Großstädte

Orte und Landschaft in Friedrich Dürrenmatts *Der Richter und sein Henker* sind aber keinesfalls mit den allbekannten Schauplätzen zu vergleichen. Zwar werden verschiedene Metropolen erwähnt (so ist von Dr. Lutz' Gastspielen bei der New Yorker und Chicagoer Polizei die Rede, und ehemalige Lebens- und Arbeitsstationen Bärlachs sind Konstantinopel und Frankfurt). Im Fall des Polizeichefs Dr. Lutz dient das Schwärmen von moderner amerikanischer Polizeiarbeit dazu, die Aufgeblasenheit und Unfähigkeit dieser Figur noch weiter zu betonen, da Lutz' Reden nur seine eigentlichen Schwächen als Vorgesetzter und Polizeibeamter verschleiern. Im Fall Bärlachs ist die Rückkehr aus der Türkei und später aus Deutschland in seine Heimatstadt Bern durch berufliche Verwerfungen begründet, die der Leser im vollen Ausmaß (Wette mit Gastmann) erst nach einiger Zeit versteht.

Schweizer Idylle

Die Schweizer Landschaft um den Bieler See mit den kleinen malerischen Orten und der überschaubaren, biederen Stadt Bern wirkt auf den ersten, ‚touristischen' Blick wie eine erholsame, zauberhafte Idylle. Dürrenmatt hat selbst von 1948 an mit seiner Frau und seinem kleinen Sohn im Haus seiner Schwiegermutter in Ligerz gewohnt; das Arbeitszimmer des Schriftstellers im Roman ist wohl dem entsprechenden Zimmer in der Realität nachgebildet. Kurz darauf, nach der Geburt der Tochter, zog die Familie in ein eigenes kleines Haus oberhalb von Ligerz. Die Vertrautheit Dürrenmatts mit der Gegend und ihren Ortschaften ist also in erster Linie dafür verantwortlich, dass man – mit dem Buch in der Hand – alle dargestellten Wege abschreiten, die Stadt Bern erkunden und sogar in den einzelnen erwähnten Gasthöfen einkehren könnte.

Demontage der Idylle

Die realitätsnahe Darstellung entfaltet ihre Wirkung aber nicht in dem Sinne, dass sie im Leser durchgängig ein heimeliges Wohlgefühl erzeugt. Im Gegenteil, die Idylle wird immer wieder unterlaufen: So wirkt der ermordete Polizist Schmied in der natürlichen Umgebung am Waldesrand wie ein schockierender Störfaktor. Die Geheimgeschäfte zwischen den Schweizer Großindustriellen und einer fremden Macht finden nicht etwa in der Anonymität einer Großstadt, sondern im abgelegenen Haus Gastmanns in der Nähe des kleinen Ortes Lamboing mitten in der Natur statt. Dieser Kontrast zwischen schöner Oberfläche und verbrecherischen Abgründen ist – zusammen mit den Ausführungen von Schwendis gegenüber Lutz (vgl. 53) – Ausdruck von Dürrenmatts kritischer Einstellung gegenüber seinem Heimatland, der sogenannten neutralen Schweiz. Indem er Verbrechen, Korruption und Unfähigkeit staatlicher Institutionen der Schönheit der Umgebung gegenüberstellt, zeigt er umso deutlicher den Kontrast zwischen Schein und Sein, die Fragwürdigkeit und Zerbrechlichkeit eben jener Idylle auf. (Ähnliches kann man auch in anderen Texten Dürrenmatts beobachten, man denke nur an das Irrenhaus im Drama *Die Physiker*.)

Landschaft als Spiegel von Atmosphäre und inneren Stimmungen

Die Darstellung von Orten und Landschaften, auch der Wettereinflüsse, hat im Roman *Der Richter und sein Henker* noch eine weitere Funktion: Sie dient dazu, innere Zustände der Figuren oder auch die spezifische Atmosphäre einer Situation zu spiegeln, indem der Realismus der Beschreibungen häufig durch expressionistische, teils auch ungewöhnlich anmutende Elemente unterbrochen wird.

Dies lässt sich schon im ersten Kapitel des Romans erkennen. Das Spätherbstwetter mit Nebel passt zum traurigen Umstand des Leichenfundes. Als der naive Polizist Clenin den Toten schließlich – gegen jede kriminalistische Regel – im Auto in Richtung Biel chauffiert, verleiht die Beschreibung der Szenerie eine fast mystische, mit Begriffen aus Tod und Jüngstem Gericht verfremdete Atmosphäre:

> „Wie er [Clenin] jedoch den See entlang gegen Biel fuhr, verdichtete sich der Nebel wieder, und von der Sonne war nichts mehr zu sehen. Der Morgen wurde finster wie der Letzte Tag." (6)

Die Fahrt in der Autoschlange wirkt auf Clenin wie ein „Leichenzug" (ebd.), und bei jeder Unebenheit der Straße „nickte er [der Tote] mit dem Kopf wie ein weiser Chinese" (ebd.). In diesen bizarren Bildern spiegelt sich das ganze Unwohlsein des überforderten Dorfpolizisten. Auch die Darstellung der Friedhofsszenerie bei der Beerdigung Schmieds beginnt mit einer halbwegs realistischen Beschreibung des unwirtlichen Ortes, macht dabei aber die Trostlosigkeit der Situation deutlich:

> „Die Erde war mit frischausgehobenen Gräbern durchsetzt, Latten lagen darüber. […] In der Mitte des Platzes, zwischen all diesen noch unbewohnten Gräbern, auf deren Grund sich der Regen zu schmutzigen Pfützen sammelte, zwischen provisorischen Holzkreuzen und Erdhügeln, dicht mit schnellverfaulenden Blumen und Kränzen überhäuft, standen Menschen um ein Grab." (57)

Dies wird noch durch die Beschreibung des unaufhörlichen, immer stärker werdenden Regens („immer mehr, immer unendlicher", 59) gesteigert. Zunehmend kippt die Atmosphäre dann ins Makabre, Groteske (zum Begriff der Groteske vgl. S. 68) um und verliert jeglichen Ansatz von Ernsthaftigkeit und Würde. Weder die Grabrede von Lutz noch die Bläsermusik können zu Ende gebracht werden, das Unwetter steigert sich so weit,

„daß alles vom Grabe wegfloh" (62); selbst die Totengräber haben es eilig, den Sarg ins Grab zu senken.

Im unmittelbar sich anschließenden elften Kapitel kommt es schließlich zur ersten Begegnung zwischen Bärlach und Gastmann. Zunächst wird die Autofahrt vom Friedhof zu Bärlachs Haus geschildert. Nach der deprimierenden Friedhofsszene hellt sich die Stimmung des alten Kommissars wieder auf – im wahrsten Sinne des Wortes, denn auch das Wetter hat sich geändert: „plötzlich [...] wurde Bärlach für Augenblicke in ein blendendes Licht getaucht: die Sonne brach durch die Wolken" (63).

Es folgt eine detaillierte Beschreibung des Naturschauspiels von Sonne und Wolken bis hin zu einer Personifikation der Stadt, die diese überwältigenden Eindrücke verdeutlicht: Sie liegt wie „ein willenloser Leib, zwischen Wälder und Hügel gebreitet" (ebd.). Für Bärlach scheinen diese Eindrücke etwas Befreiendes, Erleichterndes zu haben: „seine Augenschlitze funkelten, gierig sog er das Schauspiel in sich auf: die Erde war schön." (Ebd.) Als er dann aussteigt und sein Haus betreten will, kündigt sich das bevorstehende Unheil, das Treffen mit seinem Todfeind, der bereits in sein Haus eingedrungen ist, schon durch den Wind („der nasse, kalte Wind", 63) und den vom Unwetter aufgewühlten Fluss an („Sie [die Aare] kam hoch und schmutzig-braun", 64).

Funktion der Naturbilder

Auch in der Schilderung der Autofahrt vom Haus des Schriftstellers zurück nach Bern, während der es zu einer Auseinandersetzung zwischen dem aufgebrachten Tschanz und dem Kommissar kommt, werden Naturbilder und -eindrücke mit den Gedanken und Stimmungen der Figuren verknüpft. So folgt einer Beschreibung der beeindruckenden Landschaft im Wechsel von Licht und Schatten (vgl. 84) ein Gedanke Bärlachs, der darauf schließen lässt, wie sehr sein Leben – bei aller Wechselhaftigkeit der Stationen – von dem einen, alles beherrschenden Kampf mit Gastmann bestimmt ist: „Unbeirrbar schaute der Alte in dieses sich unaufhörlich ändernde Wetter des Vorwinters. Immer dasselbe, dachte er, wie es sich auch ändert, immer dasselbe." (Ebd.) Als

Tschanz, immer mehr in die Enge getrieben (was der Leser noch nicht weiß), Bärlach bedrängt, gegen Gastmann vorzugehen, ruft er „verzweifelt in die heranziehenden Wolkenberge hinein" (85). Seine Lage wird immer bedrohlicher für ihn.

Am auffälligsten und ausführlichsten sind die Beschreibungen der Umgebung und Landschaft im achtzehnten Kapitel, das auf einen ersten Höhepunkt – die Tötung Gastmanns durch Tschanz – hinführt. Von Anfang an entsteht eine ambivalente Atmosphäre zwischen Schönheit und Bedrohlichkeit. So wird die Stadt Bern (wahrlich kein gefährlicher Moloch) zu einem lebendigen Wesen stilisiert, in dem sich der gesamte unauflösliche Kreislauf von Leben und Tod darstellt: Sie liegt im grellen Sonnenlicht wie

> „eine weiße Muschel, das Licht aufsaugend, in ihren Gassen verschluckend, um es nachts mit tausend Lichtern wieder auszuspeien, ein Ungeheuer, das immer neue Menschen gebar, zersetzte, begrub" (101).

An dieser Stelle verdeutlicht sich einerseits noch einmal der Unterschied zwischen Schein und Sein, Hell und Dunkel, andererseits wird auf die bevorstehende todbringende Handlung vorausgedeutet.

Tschanz' Weg zu Gastmann

Der Erzähler (und mit ihm der Leser) folgt nun Schritt für Schritt Tschanz auf seinem Weg zu Gastmann. Detailliert wird die wechselnde Umgebung in ihrer Ruhe und Schönheit geschildert, es bietet sich ein Bild ungetrübter Idylle, fast zu schön, um wahr zu sein: tiefblauer See, Sonne, leuchtende Felsen, dunstfreie Luft, klar erkennbare Konturen (vgl. 103f.). Doch gerade die wunderschöne Landschaft in ungetrübter, fast sommerlicher Atmosphäre nimmt Tschanz überhaupt nicht wahr: „Doch Tschanz sah nichts und kümmerte sich um nichts." (102) „Er schritt weiter, ohne zu denken, ohne zu sehen" (104). Der Kontrast zwischen den überwältigenden landschaftlichen Eindrücken und der völligen Unempfänglichkeit Tschanz' hebt dessen Entschlossenheit und ‚Tunnelblick', aber auch die Unabänderlichkeit seiner Handlung (und, wie sich später herausstellen wird, seines eigenen Schicksals) hervor.

Kontrast zwischen Landschaft und Ereignis

Das Groteske – Lachen und Grauen

KURZINFO

Funktion des Grotesken

- Wichtiges darstellerisches Mittel für Dürrenmatt
- Zeigt sich an zentralen Stellen des Romans
- Darstellungsmöglichkeit für unbequeme Erkenntnisse

Begriff des Grotesken

An einigen Stellen des Romans hat der Autor die Darstellung von Personen oder Episoden derart überzeichnet, dass diese grotesk wirken. Der Begriff des Grotesken ist für den literaturtheoretischen Ansatz Dürrenmatts von äußerster Wichtigkeit. Allgemein bezeichnet man damit Darstellungsweisen oder auch ganze literarische Werke, „in denen – ähnlich wie beim schwarzen Humor – Komisches und Grausiges, Lächerliches und Schreckliches eine enge Verbindung eingehen“ (Schülerduden, *Die Literatur*, Mannheim/Wien/Zürich: Bibliographisches Institut 1980, S. 183). In seinem Aufsatz „Anmerkung zur Komödie“, der sich auf die Möglichkeiten des zeitgenössischen Theaters bezieht, aber durchaus auch auf andere Texte zutrifft, bezeichnet Dürrenmatt das Groteske als das einzige probate Mittel der Literatur, Distanz für den Zuschauer (bzw. Leser) zu schaffen, um diesem einen besseren Blick auf die Realität zu ermöglichen:

Das Groteske bei Dürrenmatt

> „Das Groteske ist eine äußerste Stilisierung, ein plötzliches Bildhaftmachen und gerade darum fähig, Zeitfragen, mehr noch, die Gegenwart aufzunehmen, ohne Tendenz oder Reportage zu sein. […]
> Das Groteske ist eine der großen Möglichkeiten, genau zu sein.“ (Friedrich Dürrenmatt, „Anmerkung zur Komödie“, in: F.D.: *Theater. Essays, Gedichte und Reden*, Zürich: Diogenes 1998, S. 24 f. – Copyright © 1986 Diogenes Verlag AG Zürich)

Beispiele für das Groteske in Dürrenmatts dramatischem Werk lassen sich z. B. in den berühmten Komödien *Der Besuch der alten Dame* und *Die Physiker* finden. Aber auch im Roman *Der Richter und sein Henker* hat das Groteske an bestimmten Schlüsselstellen seinen Platz. Zwei dieser Szenen wurden in anderem Zusammenhang schon im vorigen Kapitel angesprochen: der Romananfang und die Beerdigung des Mordopfers Schmied (vgl. S. 65 f.).

Situation des Leichenfunds

Schon die Schilderung des Leichenfunds zu Beginn des Romans durch den braven Dorfpolizisten Clenin hält sowohl Elemente des Komischen als auch des Grausigen bereit. Die eigentliche grausame Tatsache – ein Mensch ist erschossen worden – wird sehr knapp und emotionslos geschildert, reduziert auf die sichtbaren Fakten. Hingegen wirken die Reaktionen Clenins komisch, und zwar im doppelten Sinn: sowohl zum Schmunzeln als auch merkwürdig. Sein Vorsatz: „Er wollte […] dem Fremden nicht amtlich, sondern menschlich begegnen" (5) mag nachvollziehbar sein, solange er ihn nur für betrunken hält. Als er jedoch feststellen muss, dass der Fremde Opfer eines Verbrechens geworden ist, äußert sich dieses Menschlichsein in völliger Ignoranz seiner amtlichen Aufgabe: Auf einer makabren Autofahrt entfernt Clenin sich mit der Leiche vom Tatort und zerstört somit alle möglichen Indizien und Spuren. Die detaillierte Beschreibung dieses „Leichenzugs" (6) birgt bei aller Ernsthaftigkeit der Grundsituation eine Reihe von komischen Elementen und gibt bereits einen ersten Eindruck von der auch später kritisch beleuchteten Provinzialität und (im Falle von Bärlachs Vorgesetztem Dr. Lutz) kriminalistischen Unfähigkeit der Polizei.

Die Beerdigungsszene

Die Beerdigungsepisode im zehnten Kapitel stellt in Bezug auf die groteske Darstellung eine Steigerung dar. Die Zeremonie sollte ganz offensichtlich durch die Beteiligung von Schmieds Vorgesetzten und Kameraden eine feierlich-pathetische Form erhalten, mit Bläsermusik und Grabreden. Die äußeren Umstände, vor allem der unaufhörliche Starkregen, lassen diesen Rahmen nach und nach kollabieren, die Beteiligten geben in der Uniformität ihrer Kleidung, aber auch ihrer Haltung ein eher lächerliches Bild ab. So schaut Bärlach auf die anderen,

> „alle mit den gleichen Regenmänteln, mit den gleichen steifen, schwarzen Hüten, die Schirme wie Säbel in den Händen, phantastische Totenwächter, von irgendwo herbeigeblasen, unwirklich in ihrer Biederkeit" (59).

Auch die Musiker wirken eher wie eine Karikatur, „überstürzt zusammengetrommelt, in schwarzroten Uniformen, verzweifelt bemüht, die gelben Instrumente unter den Mänteln zu schützen" (ebd.). Das „einzig Warme,

Geborgene in diesem unaufhörlichen Regen“ (ebd.) ist paradoxerweise der Sarg. Niemand achtet mehr auf den Ablauf der Zeremonie oder den Pfarrer, mechanisch hebt Lutz zu seiner geplanten Rede an. In diesem Augenblick kippt die Situation endgültig ins Groteske – mit dem Erscheinen der beiden Handlanger Gastmanns, die einen Kranz für „Doktor Prantl“ (Schmieds Deckname) in dessen Grab werfen. Dies ist als eine Art Drohung Gastmanns zu verstehen, der damit zeigen will, dass er über die Aktivitäten der Polizei Bescheid weiß (und damit indirekt auch seinen gefährlichen Einfluss dokumentiert). Durch die Art des Auftritts und das Erscheinungsbild der beiden Männer wirkt die Szene allerdings eher wie eine Slapstick-Nummer: Torkelnd grölen sie Lieder im Schweizer Dialekt und wirken gleichzeitig furchteinflößend und lächerlich:

> „Es waren zwei brutale, riesenhafte Kerle, befrackte Schlächter, schwer betrunken, stets dem Umsinken nah, doch da sie nie gleichzeitig stolperten, konnten sie sich immer noch am Lorbeerkranz zwischen ihnen festhalten, der wie ein Schiff in Seenot auf und nieder schwankte.“ (61)

Ihr Abgang, „sich umklammernd, über Grabhügel fallend, Kreuze umwerfend in gigantischer Trunkenheit“ (ebd.), unterstreicht – trotz allem Anschein von Komik – den entwürdigenden, fast blasphemischen Einbruch des Verbrechertums in das sich seriös gebende, biedere Umfeld der polizeilichen Institutionen. Der ernsthaft-feierliche Rahmen lässt sich auch nach dem Verschwinden der beiden Männer nicht wiederherstellen, da alle Beteiligten aufgrund des sintflutartigen Regens die Flucht ergreifen.

Die Henkersmahlzeit

Einen Höhepunkt grotesker Darstellungsweise stellt das zwanzigste Kapitel dar, das Abendessen in Bärlachs Haus, während dessen Tschanz als Mörder entlarvt und sein Plan enthüllt wird. Die Szene scheint zunächst wieder harmlos zu beginnen: Bärlach behauptet, den Sieg mit einem guten Essen für Tschanz feiern zu wollen. Nach und nach entwickelt sich das Mahl vor den Augen des entsetzten Tschanz (und des Lesers) immer mehr zu einer wahren ‚Fressorgie‘ Bärlachs, der damit scheinbar die Annahme widerlegt, er sei todkrank. Der Leser weiß es besser, nicht so Tschanz, dem dadurch endgültig klar wird, dass er von einem ihm überlegenen Bärlach in jeglicher Hinsicht getäuscht und von Anfang an manipuliert wurde.

So weit der realistische Hintergrund von Bärlachs Verhaltensweise – diese wird aber nun in einem derart übersteigerten Maße dargestellt, dass sich das Bild des alten Kommissars immer mehr vom Unheimlichen zum Furchteinflößenden, Un- und Übermenschlichen wandelt. Der Erzähler verdeutlicht das mit zahlreichen drastischen Ausdrücken und Bildern: „ein Dämon, der einen unendlichen Hunger stillte“ (111), „gleich dem Tanz eines triumphierenden Negerhäuptlings“ (ebd.), „den grauenvollen Alten“ (ebd.), „unersättlich“ (112), „unbarmherzig“ (ebd.), „teuflischen Esser“ (ebd.), „Bild einer übermenschlichen Überlegenheit, ein Tiger, der mit seinem Opfer spielt“ (113); das Ganze ist ein „grauenhaftes Mahl“ (114), eine „nächtliche […] Hölle“ (ebd.). Die groteske Szene ist somit weit mehr als ein Trick Bärlachs, um den letzten Schritt zur Aufklärung von Tschanz (und nun endgültig auch des Lesers) zu gehen.

In der maßlosen Form ist das Mahl für den (tatsächlich) schwer erkrankten Kommissar lebensgefährlich (wie sich am nächsten Tag zeigen wird). So gewinnt der Leser noch einmal ein beeindruckendes Bild von der Besessenheit Bärlachs mit dem Fall Gastmann (denn nur darum geht es ihm, Tschanz' Schicksal spielt keine Rolle). Aufgrund dieser Besessenheit gefährdet er ohne weiteres seine eigene Existenz. Will man seine Krankheit, den Magenkrebs, symbolisch als Ausdruck einer jahrzehntelangen inneren Zerstörung durch den ständigen erfolglosen Kampf gegen Gastmann betrachten, so ist das groteske Mahl Höhe- und vielleicht auch Schlusspunkt der realen wie symbolischen Krankheit. Am Schluss der Geschichte bleibt das zweifelhafte, ambivalente Bild der Figur Bärlach – ganz im Sinne Dürrenmatts, für den das Groteske, das er an Schlüsselstellen seines Romans eingesetzt hat, „unbequem, aber nötig“ ist, nicht geeignet für eine „bald sentimentale […], bald frivole […] Gemütlichkeit“ beim (Lese-)Publikum („Anmerkung zur Komödie“, S. 25).

Krimi – Kein Krimi – Anti-Krimi?

KURZINFO

Frage nach der Textform

- Kriminalromane sind variantenreich und sehr populär.
- *Der Richter und sein Henker* scheint sich zunächst am traditionellen Schema des Kriminalromans zu orientieren.
- Gleichzeitig verändert Dürrenmatts Roman einige klassische Merkmale.
- Uneindeutigkeit der Figuren und Handlungen erschweren eine Identifikation durch den Leser.

Popularität der Kriminalliteratur

Es gibt sicherlich kaum eine weiter verbreitete und beliebtere Form der Erzählliteratur als den Kriminalroman: In den Buchhandlungen kann man ganze Regale mit *crime fiction* abschreiten, im Fernsehen laufen Krimiformate in unüberschaubarer Zahl (und das seit Jahren). Dabei ist die Bezeichnung Kriminalroman (populär abgekürzt: Krimi) inzwischen nur noch als eine Art Oberbegriff zu sehen für die unterschiedlichsten Formen: (historischer) Krimi, Detektivroman, (Psycho- oder Horror-)Thriller, Spionageroman oder Agententhriller, *mystery (novel)* (ohne adäquaten deutschen Begriff); dazu kommen inzwischen noch Dutzende sogenannter regionaler Krimireihen. Auf der Suche nach einer Gemeinsamkeit all dieser Formen bleibt wohl nur der Rückgriff auf den lateinischen Wortursprung (*crimen* in der Bedeutung ‚Verbrechen, Vergehen, Schuld'); demnach bedeutet ‚Kriminal-' sinngemäß so viel wie ‚das Verbrechertum und seine Verfolgung betreffend'.

Sonderform: Detektivroman

Als Dürrenmatt *Der Richter und sein Henker* schrieb, gab es bereits einige Versuche (zumeist von Kriminalschriftstellern selbst), eine Art theoretisches Modell der spezifischen Konstruktionsmerkmale eines Kriminalromans aufzustellen. Als eine Sonderform wurde dabei der Detektivroman bzw. die Detektivgeschichte gesehen, begründet durch den amerikanischen Schriftsteller Edgar Allan Poe (1809–1849) und seine berühmten Geschichten mit dem Meisterdetektiv Auguste Lupin, z.B. *The Murders in the Rue Morgue* (1841) oder *The Mystery of Marie Rogêt* (1842), und zur Meisterschaft gebracht (Ende des 19. und Anfang des 20. Jahrhunderts) durch die zahlreichen Romane und Erzählungen des britischen Schriftstellers Arthur Conan Doyle (1859–1930) mit dem Meisterdetektiv Sherlock Holmes (sicherlich immer noch eine der berühmtesten Detektivfiguren aller Zeiten, die inzwischen in moderner Form in neuen englischen und amerikanischen Krimiserien erfolgreich wiederauferstanden ist).

Die wichtigsten Elemente

Nach allgemeiner Auffassung gehören zu den wichtigsten Elementen des Kriminal- wie Detektivromans die folgenden: ein Verbrechen (oft ein Mord), ein Täter/Mörder oder eine Täterin/Mörderin, ein oder mehrere Opfer, ein Motiv und ein Detektiv/Polizist, der das Verbrechen untersucht und schließlich aufklärt. Dazu kommen noch andere Aspekte wie Tatverdächtige (die alle ein Motiv haben könnten), falsche Spuren und Indizien (*red herrings*), die die Lösung erschweren, und oft auch Partner des Detektivs, die diesem zur Seite stehen, ihm als Gesprächspartner dienen und ihn uneingeschränkt bewundern, obwohl er ihnen immer mal wieder seine Überlegenheit beweist (der berühmteste Vertreter ist hier Conan Doyles Dr. Watson für Sherlock Holmes).

Was die Struktur und auch den Schwerpunkt der Handlung betrifft, gibt es wichtige Unterschiede zwischen den beiden Formen. Kurz gefasst: Während im Kriminalroman das Interesse des Autors (und somit auch des Lesers) eher auf die (Entstehungs-)Geschichte des Verbrechens, seine Motivation, seine sozialen oder psychologischen Bedingtheiten gerichtet ist, liegt der Fokus beim Detektivroman eindeutig auf der Aufklärung des Verbrechens, die dem Detektiv mit seinen überragenden analytischen Fähigkeiten stellvertretend für den Leser, der dabei nie mehr als der Detektiv weiß, gelingt. Ein Puzzle wird zusammengefügt, so dass ein am Ende überzeugendes Bild entsteht; ein oftmals kompliziertes Rätsel (aus der Zusammenziehung der Wörter *who done it* erhielt der klassische Krimi im Englischen allgemein den Namen *whodunit*) wird – zum Vergnügen und zur Unterhaltung des Lesers, der die ganze Zeit, wenn auch häufig erfolglos, mitraten durfte – einer ebenso oft überraschenden wie nahezu unwahrscheinlichen Lösung zugeführt.

Die Wirkung des Endes (und damit auch wohl die Intention des Autors) bleibt in beiden Formen nahezu gleich. Wiederum verkürzt gesagt: Das Gute hat über das Böse gesiegt, die Ordnung ist wiederhergestellt, Verbrechen lohnen sich nicht, Ängste und mögliche Verwirrung des Lesers angesichts seiner kurzen Einblicke in die Abgründe menschlichen Verhaltens sind beseitigt, der Glaube an die Kraft der Institutionen zur Durchsetzung von Recht und Gerechtigkeit wird gestärkt. (Letzteres gilt besonders, wenn die Hauptfigur selbst diesen Institutionen angehört; ist sie dagegen Privatdetektiv bzw. anderweitig ein Einzelgänger, wird des Öfteren auch die Unfähigkeit, teils Lächerlichkeit jener Institutionen dargestellt.)

Wichtig ist die erwartbare Faszination des Lesers von der Figur des Detektivs. Während dieser im klassischen Detektivroman hauptsächlich durch brillante geistige Fähigkeiten glänzt, die seine durchaus vorhandenen menschlichen Schwächen überstrahlen (vgl. Sherlock Holmes' Opiumsucht oder Hercule Poirots übermäßige Eitelkeit), ist in den Kriminalromanen z. B. der sogenannten amerikanischen *hard-boiled school* (u. a. von Dashiell Hammett und Raymond Chandler) vor allem die moralische Integrität und auch die menschliche Empathie des ‚Helden' angesichts einer korrupten, menschenverachtenden Umwelt bedeutsam, auch wenn dieser nicht unbedingt immer alle Regeln einhält. Hier spielt die gesellschaftliche und politische Realität eine sehr große Rolle, während sie für den Detektivroman eher unerheblich ist.

Der Richter und sein Henker folgt zunächst der traditionellen Krimi-Struktur

Vergleicht man nun diese – zugegeben sehr verallgemeinerten – Ausführungen mit dem Roman *Der Richter und sein Henker*, so lässt sich feststellen, dass Dürrenmatt sich sehr wohl an den ihm bekannten Strukturmerkmalen des Kriminalromans (so der Untertitel) orientiert hat. Der Roman beginnt mit dem Auffinden einer Leiche, auch noch durch einen Polizisten, der bald erkennt, dass es sich um ein Verbrechen handelt – die Initialzündung für die folgende Handlung, die jetzt eigentlich nach vorgeschriebenen Schritten ablaufen sollte. Das tut sie auch – halb und halb. Denn schon die Charakterisierung des Dorfpolizisten und seiner Handlungsweise unterläuft das Schema. Clenin ist seiner Aufgabe nicht gewachsen; er sichert weder den Tatort, noch ruft er nach Verstärkung oder bewegt nicht das Opfer – das kommt bei Vertretern polizeilicher Institutionen durchaus öfter vor. Dies aber nicht – so stellt es der Autor dar – aufgrund von Unfähigkeit und Tölpelhaftigkeit, sondern aufgrund seiner menschlichen Eigenschaften, die – unüblich für die ansonsten typisierte Darstellung von Nebenfiguren in anderen Werken – fast freundlich-humorvoll ausgestaltet sind: Er gibt sich „väterlich“ (5) und hilfsbereit; er „glaubte, daß der Mensch betrunken sei, denn als ordentlicher Mensch kam er auf das Nächstliegende“ (ebd.). (Wohlgemerkt: „als ordentlicher Mensch“, nicht „als ordentlicher Polizist“.) Diese ‚Verletzung‘ der Regeln erkennt der erfahrene Leser sicher, sie lässt ihn aber eher schmunzeln als die Stirn runzeln.

Auch Bärlach entspricht zunächst dem Stereotyp

Im weiteren Verlauf wird die vorgegebene Struktur wieder befolgt, die Aufklärungsarbeit der Polizei beginnt. Auch die Hauptfigur des Kommissar Bärlach entspricht zunächst dem gängigen Stereotyp des selbstbewussten Einzelgängers, der immer wieder den Konflikt mit unfähigen oder unangenehmen Vorgesetzten sucht. Mit der Einführung der Figur Tschanz scheint die Rolle des engen Mitarbeiters bzw. vertrauenswürdigen Helfers besetzt. Aber schon bald werden auch hier die Erwartungen des Lesers enttäuscht: Von Anfang an bestehen Spannungen zwischen den beiden Figuren, die nichts mit den kleinen, eher unterhaltsamen Zwistigkeiten bekannter Partner vom Schlage Holmes/Watson oder Poirot und Captain Hastings zu tun haben. Bärlach bezieht Tschanz nicht in seine Gedanken ein, er vertraut ihm nicht seine Erkenntnisse an und schon gar nicht erörtert er mögliche Lösungen mit ihm. (Der Grund dafür wird am Ende klar, da Tschanz selbst ja der gesuchte Täter ist.) Anders als sonst sieht sich der Leser in seiner Rätselarbeit nicht mehr auf Augenhöhe mit der Hauptfigur, also Bärlach, sondern vielmehr in der Position Tschanz' – nur um am Ende zu erkennen, dass er genau wie dieser von Bärlach manipuliert wurde.

Ambivalenz der Detektivfigur

Bleibt noch der Blick auf die Hauptfigur und ihre Handlungsweise: In der Ambivalenz Bärlachs wird am deutlichsten erkennbar, wie Dürrenmatt die Regeln des Detektivromans sowohl bedient als auch unterläuft. Der Kommissar ist ein fähiger Kriminalist, gleichzeitig alt und todkrank. Seine Beharrlichkeit bei der Lösung des Falles entspringt nicht (mehr) seiner professionellen Aufgabe, dem Recht Genüge zu tun, oder dem Wunsch, für eine menschliche Gerechtigkeit zu sorgen, die im Rahmen starrer Gesetzesvorgaben nicht herzustellen ist und für die der Leser in gewissem Umfang auch die Verletzung solcher Vorgaben akzeptieren würde. Bärlachs Handlungsweise ist einzig und allein durch seinen Kampf gegen Gastmann motiviert, wie sich nach der Enthüllung der Vorgeschichte herausstellt.

Einzige Motivation Bärlachs: Kampf gegen Gastmann

Diese Enthüllung in der Mitte des Romans dient nicht, wie die Enthüllung am Ende des klassischen Kriminalromans, der Rekonstruktion der Tat und ihrer Vorgeschichte durch den analytisch versierten Detektiv/Kommissar, sondern erhellt das eigentliche Zentrum des Dürrenmatt-Romans. Hier geht es um das Duell zweier Charaktere mit unterschiedlichen Lebensphilosophien und ihrer jeweiligen Umsetzung; Kategorien wie Gut und Böse greifen dabei nicht mehr. Wenn man aber im stereotypen Verständnis des herkömmlichen Detektivromans bleiben möchte, so kann man es nur folgendermaßen formulieren: Das Gute ist in Dürrenmatts Roman ebenso korrumpiert wie das Böse, ja, es muss zum Bösen werden, um das Böse zu besiegen.

Bärlachs Regelverstöße

Auch am Ende, nach Erreichen seines lang verfolgten Zieles, ignoriert Bärlach seine eigentliche Aufgabe, indem er den nunmehr zweifachen Mörder Tschanz laufen lässt. Zwar kommt es auch sonst im klassischen Kriminal- oder Detektivroman ab und zu vor, dass die Hauptfigur (sei es ein Detektiv oder ein Polizist) den Täter nicht der vom Gesetz vorgesehenen Strafe zuführt, dies aber nur aus dem Grund, weil der Täter bereits auf andere Weise gestraft ist oder büßen muss. In Bärlachs Fall ist es jedoch anders: In seiner an Selbstjustiz grenzenden Handlungsweise hat er sich längst jenseits aller polizeilichen Regeln, aber auch aller Gefühle von menschlicher Empathie begeben und sich als bedingungslose Identifikationsfigur für den Leser disqualifiziert. Tschanz' (vorhersehbarer?) Tod bewahrt ihn am Ende vor der eigenen polizeilichen Verfolgung; gleichwohl bleibt als letzter Eindruck für den Leser der eines nicht triumphierenden, sondern dem Tode nahen Mannes.

Noch keine Destruktion des Detektivromans

Friedrich Dürrenmatt hat sich also in seinem Roman *Der Richter und sein Henker* an bestimmte Konstanten des Detektivromans gehalten und grundsätzliche Erwartungen seiner Leser erfüllt (vor allem, wenn man berücksichtigt, dass der Roman zunächst als Fortsetzung in einer Zeitschrift erschien). Gleichzeitig hat er dem traditionellen Schema seine eigenen weltanschaulichen und literaturtheoretischen Konzepte unterlegt, dieses dadurch an markanten Stellen abgeändert und dem Leser eine eindeutige Bewertung der Figuren, auch des ‚Helden', erschwert. Von einer expliziten Destruktion des Schemas kann allerdings noch keine Rede sein; sie erfolgt eher im dritten von Dürrenmatts Kriminalromanen, *Das Versprechen*, folgerichtig von ihm im Untertitel auch *Requiem auf den Kriminalroman* genannt.

Weitere Aspekte

„‚Spotten Sie nicht über Kriminalromane!‘, sagte Madge streng. ‚Sie sind heutzutage das einzige Mittel, vernünftige Ideen zu popularisieren.‘“

Friedrich Glauser, *Der Tee der drei alten Damen* (1931)

Dürrenmatt wird Krimi-Autor

KURZINFO

Entstehung des Romans

- Finanzielle Schwierigkeiten der Familie
- Angebot, einen Kriminalroman zu schreiben
- Erstveröffentlichung als Fortsetzungsroman in Schweizer Zeitschrift
- Krimi contra Klassiker-Ideal

Vielseitiger Dürrenmatt

Dürrenmatt war ein äußerst vielseitiger Künstler: Er schrieb nicht nur Theaterstücke, Hörspiele, Romane, Erzählungen, Filmdrehbücher und gelegentlich auch Lyrik, sondern auch literaturtheoretische Aufsätze und Essays, inszenierte am Theater und war ein hervorragender Zeichner und Maler. Insofern erscheint es folgerichtig, dass er sich mit seinem Roman *Der Richter und sein Henker* auch dem Genre des Kriminalromans zuwandte, zumal er, der sich dann doch beruflich hauptsächlich als Schriftsteller sah, später sinngemäß in einem Interview äußerte, ein Schriftsteller müsse eben alles schreiben können, jede Form beherrschen.

Finanzielle Probleme

Zunächst hatte seine Hinwendung zu der für ihn neuen Form aber einen ganz pragmatischen Grund, nämlich eine finanzielle Notlage seiner Familie. Dürrenmatts Frau Lotti Geißler war 1949 schwanger mit ihrem zweiten Kind und musste wegen Komplikationen in ein Krankenhaus eingeliefert werden; bei ihm selbst war Diabetes diagnostiziert worden, was ebenfalls einen Krankenhausaufenthalt nötig machte. Die Familie war zuvor schon in das Haus von Dürrenmatts Schwiegermutter am Bieler See umgezogen, um Geld zu sparen. Gleichwohl waren die finanziellen Mittel weiter knapp, zumal Lotti ihre Arbeit als Schauspielerin aus familiären Gründen aufgegeben hatte. Dürrenmatts bis dahin erschienenen Arbeiten waren finanziell wenig ergiebig, seine Komödie *Die Ehe des Herrn Mississippi* (später ein großer Bühnenerfolg) war sogar zunächst vom Verlag abgelehnt worden. Die einzigen Einkünfte der Familie ergaben sich zu dem Zeitpunkt aus Texten Dürrenmatts für das Zürcher Kabarett „Cornichon“ (welches aber schon kurz vor der Auflösung stand) und Theaterkritiken für die Zürcher Zeitung *Die Weltwoche*.

Der Richter und sein Henker als Fortsetzungsroman in einer Zeitschrift

Zu diesem Zeitpunkt entschloss sich Dürrenmatt, mehreren Verlagen eine Idee zu einem Roman zu unterbreiten, was ihm wohl auch den einen oder anderen Vorschuss einbrachte, obwohl jener Roman nie geschrieben wurde. Über seinen Cousin Peter bot ihm der Verleger der damals auflagenstärksten Schweizer Zeitschrift *Der Schweizerische Beobachter* an, einen Fortsetzungsroman für das Blatt zu schreiben; es müsse allerdings auf jeden Fall ein Kriminalroman sein, das würde dem Leserpublikum gefallen. Dürrenmatt willigte ein, bekam einen Vorschuss von 500 Franken und gab später immer wieder gern die Anekdote zum Besten, seine Frau Lotti habe daraufhin gedacht, er habe das Geld gestohlen.

Schwierigkeiten beim Schreiben

Obwohl Dürrenmatt bereits eine Vorstellung von der Geschichte hatte und zu Anfang seinem Freund, dem Literaturhistoriker Walter Muschg, in einem Brief mitteilte, der Kriminalroman mache ihm viel Spaß, vor allem dass er die gesamte Gegend um den Bieler See en passant kriminalistisch auswerten könne, ging ihm die Arbeit wohl doch nicht so leicht von der Hand (vgl. Peter Rüedi, *Dürrenmatt oder Die Ahnung vom Ganzen. Biographie*, Zürich: Diogenes 2011, S. 383 f.). Immer wieder geriet er mit der nächsten Folge in Zeitdruck und sein Cousin Peter musste ihm des Öfteren Mut machen.

Der Richter und sein Henker erschien dann endgültig in *Der Schweizerische Beobachter* in acht vierzehntägigen Fortsetzungen zwischen dem 15. Dezember 1950 und dem 31. März 1951. Der Erfolg war so groß, dass Dürrenmatt zum einen davon absah, Kommissar Bärlach am Ende sterben zu lassen – so konnte er noch den zweiten Roman mit Bärlach, *Der Verdacht*, schreiben, der dann ebenfalls als Fortsetzungsroman zwischen September

1951 und Februar 1952 erschien. Zum anderen wurde ihm nun eine Buchfassung von *Der Richter und sein Henker* ermöglicht, für die er die ursprüngliche Version an einigen Stellen überarbeitete und veränderte und die im Jahre 1952 veröffentlicht wurde. Inzwischen ist der Roman zum ‚Klassiker' geworden, hat sich weltweit mehrere Millionen Mal verkauft und längst den Weg in die schulischen Lehrpläne gefunden.

Buchfassung großer Erfolg

Auf einer ganz anderen als dieser materiellen Ebene ist die Hinwendung Dürrenmatts zum Kriminalroman zum damaligen Zeitpunkt wichtig und konsequent im Gesamtzusammenhang seines Werkes und seiner künstlerischen Konzeption. Dies wird besonders deutlich, wenn man wieder einen Blick auf seinen fast zur gleichen Zeit entstandenen Essay „Theaterprobleme" wirft. Einen Kriminalroman zu schreiben, sich also mit einer damals als trivial geltenden literarischen Form zu beschäftigen, ist für den Autor eine willkommene Gelegenheit, seine Kritik am Kunstideal der Klassiker praktisch umzusetzen, das seiner Meinung nach die Bühne wie die Literatur allgemein dominiert und neuen Formen keine Chance gibt: „alles ist nur noch auf das Vollkommene aus, die Perfektion wird von ihm [dem Künstler] verlangt, die man in die Klassiker hineininterpretiert" („Theaterprobleme", S. 71). Literaturkritiker wie Zuschauer (oder Leser) würden alles neu Erschaffene an den Maßstäben der Klassiker (Goethe, Schiller, Sophokles, Shakespeare) messen, Bezüge zur Realität gingen verloren, die Bühne bzw. die literarische Welt werde zu einem Museum, in dem auch die zeitgenössischen Künstler nur passive Zaungäste sein dürften und ihre eigenen Versuche kläglich scheitern müssten (vgl. ebd.). Oder, simpel ausgedrückt: Studieren geht in diesem Fall über Probieren.

In dieser Situation betrachtet Dürrenmatt das Schreiben des Kriminalromans, einer von der damaligen Literaturkritik ignorierten bis verschmähten Form, sozusagen als subversiven Akt – als ‚Trick', in der „Welt der Bildung und Alphabeten" (ebd.) zu bestehen und für die eigene Realitäts- und Weltauffassung eine neue, angemessene Form für sich zu finden. Das Ende des Essays

Kriminalroman als Umsetzung von Dürrenmatts literarischer Konzeption wirkt daher auch wie die nachträgliche theoretische Begründung für den Roman *Der Richter und sein Henker*. Wie kann also der Künstler bestehen?

> „Vielleicht am besten, indem er Kriminalromane schreibt, Kunst da tut, wo sie niemand vermutet. Die Literatur muß so leicht werden, daß sie auf der Waage der heutigen Literaturkritik nichts mehr wiegt: Nur so wird sie wieder gewichtig."
> (Friedrich Dürrenmatt, „Theaterprobleme", in: F. D., *Theater. Essays, Gedichte und Reden*, Zürich: Diogenes 1998, S. 71 f. – Copyright © 1986 Diogenes Verlag AG Zürich)

Und wohl auch deshalb hat sich Dürrenmatt auch später immer wieder (selbst als die finanzielle Notwendigkeit nicht mehr bestand) mit dieser literarischen Form beschäftigt.

Bärlach und seine Kollegen

KURZINFO

Verschiedene Detektivfiguren

- Ähnlichkeiten und Unterschiede zwischen Bärlach und Kommissar Maigret oder Wachtmeister Studer
- Dürrenmatts fortschreitende Demontage der Detektivfigur
- *Das Versprechen* (1958) als Kritik am Kriminalroman

Vorgänger und Vorbilder

Dürrenmatts mögliche Vorbilder

Es gibt unterschiedliche Auskünfte darüber, inwieweit sich Dürrenmatt in der Geschichte der Kriminalliteratur auskannte und ob bestimmte Autoren ihn überhaupt interessierten. Einige Biografen verweisen darauf, dass er vollständige Ausgaben der Werke von Agatha Christie, Edgar Wallace und Georges Simenon besessen habe. Sucht man nach möglichen Vorbildern für seinen Kommissar Bärlach, so entfallen die rein logisch operierenden, alle Rätsel lösenden Figuren einer Agatha Christie oder die Figuren in den düsteren Schauergeschichten von Edgar Wallace (deren Verfilmungen in den sechziger Jahren sogenannte ‚Straßenfeger' im deutschen Fernsehen waren). Gewisse Ähnlichkeiten ergeben sich eher mit den Detektiven der amerikanischen *hard-boiled school*, wie etwa Raymond Chandlers Privatdetektiv Philip Marlowe: Wie Bärlach sind sie Einzelkämpfer für eine Gerechtigkeit, die allzu häufig nichts mit dem Recht zu tun hat; wie Bärlach sind sie bereit, sich in Gefahr zu begeben, und riskieren oftmals ihr Leben. Im Unterschied zu Dürrenmatts Werk spielen aber in den amerikanischen Krimis die gesellschaftlichen Hintergründe, eine oftmals deprimierende Atmosphäre von Gewalt, Korruption und undurchschaubaren Strukturen, eine große Rolle.

Gemeinsamkeiten und Unterschiede zu Simenons Kommissar Maigret

Darüber hinaus ergeben sich Parallelen zu einer der berühmtesten Figuren der Kriminalliteratur, Georges Simenons Kommissar Maigret. Interpreten haben nachgewiesen, dass zwei Maigret-Romane bis in Einzelheiten der Handlung Modelle für Dürrenmatts Romane *Der Richter und sein Henker* und *Das Versprechen* sein können. Auch die Figur Maigrets weist Ähnlichkeiten mit der Figur Bärlachs auf (obwohl jener in den ersten Romanen, immerhin gibt es über 70, ein jüngerer Mann ist): Auch Maigret ist zwar Polizist, arbeitet aber oftmals auf eigene Faust, verlässt sich eher auf seine Intuition als auf wissenschaftliche Vorgehensweisen und liegt ständig über Kreuz mit einem Untersuchungsrichter. Zudem raucht er Pfeife, isst gern und trinkt regelmäßig einen Wein oder Aperitif, selbst während einer Untersuchung. Anders als Bärlach ist Maigret aber nicht nur an der Aufklärung und Sühne eines Verbrechens interessiert, sondern vor allem auch an der Geschichte, wie es zu dem Verbrechen kommen konnte. So taucht er tief in den Alltag der Opfer und der anderen Beteiligten ein, entwickelt manchmal sogar Verständnis und Empathie für die Täter und kann ihre Motive nachvollziehen. Für den Leser entstehen so ein viel tieferes psychologisches Verständnis der Figuren sowie ein anschaulicher Einblick in die gesellschaftliche Realität der Romane Simenons.

Weiteres mögliches Vorbild: Wachtmeister Studer

Oft wird in der Sekundärliteratur ein anderes mögliches Vorbild für Dürrenmatts Kommissar genannt: Wachtmeister Studer, die in den dreißiger Jahren erschaffene Hauptfigur von fünf Kriminalromanen des Schweizer Schriftstellers Friedrich Glauser (1896–1938), der übrigens als sein Vorbild wiederum Georges Simenon bezeichnete. Diese Romane gelten als Begründung der deutschsprachigen Kriminalliteratur; der wichtigste Krimipreis im deutschsprachigen Raum ist nach Friedrich Glauser benannt.

Parallelen

In der Tat finden sich viele Parallelen zwischen den Romanen Glausers und Dürrenmatts: Wachtmeiser Studer ist wie Bärlach ein eigensinniger, gegenüber Autoritäten oftmals überheblicher Einzelgänger (so wirkt der Untersuchungsrichter in *Wachtmeister Studer* noch unfähiger und lächerlicher als Dr. Lutz). Studer raucht – wie Bärlach – gerne Zigarren (Brissagos) und ärgert damit häufig seine Umgebung. An der Auflösung eines Falles arbeitet er – ebenfalls wie Bärlach – beharrlich bis zur Selbstaufgabe (so kostet ihn in *Wachtmeister Studer* eine verschleppte Grippe fast das Leben, da er erst den Fall lösen will, bevor er sich behandeln lässt). Auch die Ansiedlung der Fälle in der scheinbaren Schweizer Idylle weist Parallelen zu Dürrenmatt auf, wobei Glauser sehr viel häufiger als Dürrenmatt Authentizität auch in der Sprache durch Verwendung des Schweizer Dialekts oder schweizerdeutscher Ausdrücke herstellt.

Unterschiede

Ein gravierender Unterschied zu Bärlach (und damit eine Weiterentwicklung der Maigret-Figur) besteht aber darin, dass Studer bei der Aufklärung eines Falles immer wieder seine eigenen Unsicherheiten reflektiert und nur zu einer Lösung zu kommen glaubt, wenn er sich völlig in die Umgebung, in der das Verbrechen geschah, ‚einlebt' – sei es nun ein ärmliches, heruntergekommenes Schweizer Provinznest oder eine psychiatrische Klinik. Er setzt sich dieser Umgebung so lange aus, bis er die Lösung gefunden hat (bzw. diese mit Hilfe anderer finden kann). Anders als Bärlach ist Studer voller Mitgefühl, auch für bestimmte Täter; er zeigt Verständnis für Menschen, die soziale Außenseiter und oftmals unverschuldet, aus widrigen Umständen, schuldig geworden sind.

Dürrenmatt selbst verneint Vorbilder

Friedrich Dürrenmatt selbst hat übrigens jeglichen Einfluss anderer Kriminalautoren zurückgewiesen, wobei dies von den meisten Biografen nicht ernst genommen und eher auf Dürrenmatts Angst vor jeglicher Form von Einflussnahme zurückgeführt wird.

Nachfolger und Weiterentwicklungen

Nach eigener Meinung hat Dürrenmatt drei Kriminalromane geschrieben, wobei außer Frage steht, dass sich auch in seinen anderen Werken immer wieder kriminalistische Elemente wie die Fragen nach Recht, Gerechtigkeit, Schuld oder Unschuld finden. Seinem Erstling, *Der Richter und sein Henker*, folgte (ebenfalls zunächst als Fortsetzungsroman in *Der Schweizerische Beobachter*) *Der Verdacht*, dessen Geschichte, wieder mit Kommissar Bärlach, nahtlos an den ersten Roman anknüpft. Kurz gefasst: Nach seiner Magenoperation, die allerdings auch die tödliche Diagnose bestätigt hat, entdeckt Bärlach durch mehrere Zufälle (!), dass es sich bei dem populären Chefarzt eines bekannten Privatsanatoriums, Dr. Emmenberger, um einen berüchtigten SS-Arzt handeln könnte, der in einem Konzentrationslager Insassen ohne Betäubung operierte und dann tötete. In zunächst klassisch detektivischer Vorgehensweise trägt Bärlach Informationen und Indizien zusammen, die seinen Verdacht schließlich zu bestätigen scheinen. Von nun an verfolgt der Kommissar wie besessen den Plan, Emmenberger zur Strecke zu bringen, und lässt sich unter falschem Namen in dessen Klinik einliefern. Dem sadistischen Arzt, der – wiederum durch einen Zufall – Bärlachs Identität aufgedeckt hat, ist der Kommissar allerdings unterlegen. Vor einer todbringenden Operation rettet ihn am Ende nur der Jude Gulliver, ein überlebendes KZ-Opfer Emmenbergers, der Bärlachs Plan kannte und im rechten Moment eingreift.

Der Verdacht als Fortsetzung von *Der Richter und sein Henker*

Unterlegenheit und Hilflosigkeit Bärlachs gegenüber dem Verbrecher Emmenberger

Ist in *Der Verdacht* Bärlach anfangs noch der kriminalistisch vorgehende Detektiv, der einen grausamen Verbrecher der gerechten Strafe zuführen will, so verliert er nach und nach seine Souveränität, handelt unklug und begibt sich in Todesgefahr, weil er selbst in der Falle steckt, die er dem Verbrecher gestellt hat. Er ist nun vollständig auf fremde Hilfe angewiesen, die dann in einem fast unwirklichen Überraschungscoup am Ende erscheint.

Durch die Thematik – Verbrechen und deren Opfer in der Zeit des Nationalsozialismus – ist *Der Verdacht* (entstanden 1951/52, also noch in historischer Nähe zum

Thema) viel zeitgebundener als *Der Richter und sein Henker*, obwohl der Roman weniger durch Handlung als durch lange Dialoge zwischen Bärlach und anderen Figuren bestimmt ist. Diese Gespräche weisen durchaus auch grundsätzliche Positionen philosophischen Inhalts auf. So stellt Emmenberger genau im Sinne der Charakteristik des Schriftstellers in *Der Richter und sein Henker* ein Spiegelbild Gastmanns dar, „der ein Verbrecher wäre, weil das Böse seine Moral, seine Philosophie darstellt, das er ebenso fanatisch täte wie ein anderer aus Einsicht das Gute" (82). Bei Emmenberger ist das Böse (anders als bei Gastmann) eben doch in den Worten des Schriftstellers „Ausdruck einer Philosophie, eines Triebes" (83), nämlich des Sadismus, seiner Freiheit, Verbrechen zu begehen. Die Detektivfigur aber, Bärlach, erweist sich gegenüber dem monströsen Verbrecher als unterlegen, hilflos, seine Selbstüberschätzung wirkt nur noch lächerlich, wie Gulliver ihm deutlich macht:

Kritik an der Detektivfigur

> „Man kann heute nicht mehr das Böse allein bekämpfen, wie die Ritter einst allein gegen irgendeinen Drachen ins Feld zogen. Die Zeiten sind vorüber, wo es genügt, etwas scharfsinnig zu sein, um die Verbrecher, mit denen wir es heute zu tun haben, zu stellen. Du Narr von einem Detektiv; die Zeit selbst hat dich ad absurdum geführt." (Friedrich Dürrenmatt, Der Verdacht, Zürich: Diogenes 1995, S. 116 – Copyright © 1986 Diogenes Verlag AG Zürich)

Das Versprechen als „Requiem auf den Kriminalroman"

Kommissar Matthäi

In seinem dritten Kriminalroman, *Das Versprechen*, aus dem Jahre 1958 lässt Friedrich Dürrenmatt seine Detektivfigur endgültig auf ganzer Ebene scheitern und verknüpft deren Schicksal wiederum eng mit einer Grundkonstante seiner Weltauffassung, dem Zufall und der Nicht-Berechenbarkeit menschlichen Schicksals und Handelns. Damit trägt er gleichzeitig das klassische Genre zu Grabe: *Requiem auf den Kriminalroman*, wie der Untertitel lautet. Vorgeführt wird Kommissar Matthäi, gewissermaßen eine Summe der beiden Bärlachfiguren: wiederum ein Einzelgänger, bindungslos, ein genialer Analytiker, ständig in Konflikten mit Vorgesetzten und Kollegen, eigentlich emotionslos bis auf den Augenblick, als er der Mutter eines getöteten Mädchens „bei seiner Seele" verspricht, den Mörder zu fassen. Wie Bärlach setzt er ebenso akribisch wie besessen die Indizien zusammen und entwickelt einen Plan, der seiner Meinung nach den Mörder unbedingt in die Falle locken muss.

Roman als bewusste Abänderung des Filmdrehbuchs

Bevor er den Roman verfasste, schrieb Dürrenmatt als Auftragsarbeit mit am Drehbuch zu einem Film, der Sexualverbrechen an Kindern zum Thema haben sollte. Die 1958 uraufgeführte Filmversion mit dem (Dürrenmatt übrigens verhassten) Titel *Es geschah am hellichten Tag*, in der Regie von Ladislao Vajda mit Heinz Rühmann als Matthäi und Gerd Fröbe als Mörder Schrott in den Hauptrollen, ist inzwischen zum Klassiker geworden. Hier geht der Plan des Kommissars auf, der Mörder wird gefasst. Dürrenmatt akzeptierte den Film aufgrund von dessen pädagogischer Intention (Warnung vor der darin thematisierten Gefahr), jedoch entschloss er sich, die Geschichte noch einmal als Roman zu verfassen, mit einer völlig veränderten Situation: „Aus einem bestimmten Fall wurde der Fall des Detektivs, eine Kritik an einer der typischsten Gestalten des neunzehnten Jahrhunderts." (Friedrich Dürrenmatt, „Nachwort", in: F. D., *Das Versprechen*, Zürich: Diogenes 1996, S. 158) Das Wort „Fall" ist hier durchaus im doppelten Sinne zu verstehen: Im Roman geht Matthäis Plan nicht auf, der Mörder wird nie gefasst, Matthäi wird zum heruntergekommenen Alkoholiker, eine völlig gebrochene Existenz.

Rahmenhandlung: Dr. H. berichtet über das Scheitern Matthäis

Die Geschichte Matthäis ist in eine Rahmenerzählung eingebettet: Ein Schriftsteller hat einen Vortrag über die Kunst, Kriminalromane zu verfassen, gehalten und wird am nächsten Tag von Dr. H., dem ehemaligen Kommandanten der Zürcher Kantonspolizei, im Auto mit nach Zürich genommen. Auf dieser Fahrt äußert Dr. H. scharfe Kritik an Kriminalromanen und untermauert seine Äußerungen – die vielleicht die des Autors selbst widerspiegeln – durch die Geschichte Matthäis. Dessen Scheitern beruhte lediglich auf einem Zufall: Der Mörder, der – wie von Matthäi vorausgesehen – auf dem Weg zu einer neuen Tat und damit in der von Matthäi gestellten Falle war, verunglückte mit seinem Auto tödlich; Matthäi konnte das Scheitern seines Planes, das Versagen seiner Logik, nie verwinden und ist zum Wrack geworden. Dabei greift der Zufall sogar doppelt ein: Auch die wahren Hintergründe des Falles erfährt Dr. H. rein zufällig, als

Zufall hat Matthäis genialen Plan zerstört

er Jahre später zu einer alten, sterbenden Frau gerufen wird, die ihm vor ihrem Tod noch dringend etwas mitzuteilen wünscht. Sie stellt sich als Frau Schrott, die ältere Ehefrau eben jenes schwachsinnigen Triebtäters heraus, von dessen Verbrechen sie zwar wusste, die sie aber immer geheim gehalten hat. Der entsetzte Dr. H. versucht noch, dies Matthäi zu erklären, aber dieser ist in seinem Wahn für die Realität nicht mehr zugänglich.

Dr. H.s Ausführungen dem Kriminalautor gegenüber (Dürrenmatt spricht hier möglicherweise mit sich selbst) können als kritisches Fazit bzw. Urteil über den Kriminalroman gesehen werden. Er bezeichnet alles als Illusion, was den klassischen Krimi ausmacht: dass die Polizei die Welt ordnen könne, jeder Verbrecher seine gerechte Strafe erhalte, Verbrechen sich nicht lohne (vgl. Friedrich Dürrenmatt, *Das Versprechen*, Zürich: Diogenes 1996, S. 11 f.). Am meisten verurteilt er die Handlungskonstruktion, die nach klaren logischen Regeln wie ein Schachspiel aufgebaut sei und immer zu einem guten Ende führe (vgl. ebd., S. 12) – ein „Schwindel" und eine „Fiktion" (ebd). Den Hauptgrund dafür sieht Dr. H. im Ignorieren des Zufalls, der immer wieder die menschlichen Berechnungen und Pläne durchkreuzt:

Allgemeine Kritik an Kriminalromanschriftstellern und ihren Werken

> „Ein Geschehen kann schon allein deshalb nicht wie eine Rechnung aufgehen, weil wir nie alle notwendigen Faktoren kennen, sondern nur einige wenige, meistens recht nebensächliche. Auch spielt das Zufällige, Unberechenbare, Inkommensurable eine zu große Rolle. […] Der Einzelne steht außerhalb der Berechnung." (Friedrich Dürrenmatt, *Das Versprechen*, Zürich: Diogenes 1996, S. 12 f. – Copyright © 1986 Diogenes Verlag AG Zürich)

Am Ende steht eine Aussage, die auch als wichtiger und kritischer Beitrag zu der Diskussion gelten kann, worin eigentlich die gesellschaftliche Funktion von Kriminalliteratur und -filmen besteht und warum dieses Genre mehr denn je populär und erfolgreich ist:

Die Welt in den Kriminalromanen ist eine Lüge

> „Ihr versucht nicht, euch mit einer Realität herumzuschlagen, die sich uns immer wieder entzieht, sondern ihr stellt eine Welt auf, die zu bewältigen ist. Diese Welt mag vollkommen sein, möglich, aber sie ist eine Lüge." (Ebd., S. 13. – Copyright © 1986 Diogenes Verlag AG Zürich)

Hollywood in der Schweiz

KURZINFO

Verfilmung und Roman

- Erste Verfilmung für das Fernsehen 1957
- 1975 Kinofilm in der Regie von Maximilian Schell
- Mitarbeit Dürrenmatts am Drehbuch und in der Rolle des Schriftstellers
- Beibehaltung der Grundzüge der Geschichte, jedoch Veränderungen bei den Figuren und ihren Beziehungen untereinander

Eine Reihe von Dürrenmatts Werken ist (z. T. auch mehrmals) für das Kino oder das Fernsehen verfilmt worden; an einigen Projekten war Dürrenmatt selbst als Mitverfasser des Drehbuchs beteiligt.

Auch sein erster Kriminalroman, *Der Richter und sein Henker*, wurde zweimal verfilmt: Die erste Fassung von 1957 ist heute wohl nur noch in fernsehhistorischer Hinsicht interessant, da es sich um einen der ersten extra für das Fernsehen gedrehten abendfüllenden Spielfilme handelt – zur besten Sendezeit und mit einer Sehbeteiligung von heute unvorstellbaren 80 % (wobei auch zu bedenken ist, dass es damals nur einen Sender, die ARD, gab).

1975 Verfilmung des Romans durch Maximilian Schell

Das weitaus interessantere Projekt ist die Verfilmung durch den österreichisch-schweizerischen Schauspieler und Regisseur Maximilian Schell aus dem Jahr 1975. In der 2011 von Robert Fischer gedrehten ca. 30-minütigen Dokumentation *Schach mit Dürrenmatt. Maximilian Schell über „Der Richter und sein Henker“* (zu sehen z. B. als Bonusmaterial auf der DVD) erzählt Schell in lebhaften Anekdoten von der Entstehung des Films und der Zusammenarbeit mit Dürrenmatt. So habe dieser sich nach einem langen Abend mit guten Weinen bereit erklärt, einige Änderungen in Schells Drehbuch vorzunehmen, das ihm zu unpolitisch erschien. Daraus wurde dann eine völlig neue Fassung von fast 200 Seiten und es bedurfte in Anbetracht des nahen Drehbeginns einigen Aufwandes, eine noch umsetzbare Version daraus zu erstellen.

Mitarbeit Dürrenmatts am Drehbuch

Die Dokumentation zeigt auch die Schwierigkeit, Geld für ein solch ambitioniertes Projekt zu bekommen. Maximilian Schell war zwar als Schauspieler in Hollywood bekannt (1962 hatte er bereits einen Oscar gewonnen), jedoch gelang ihm die Finanzierung nur, indem er eine Reihe bekannter amerikanischer und englischer Stars für die Hauptrollen verpflichtete, den Film zunächst in Englisch und damit ganz klar für den internationalen Markt drehte. So spielte Martin Ritt, ein anerkannter Regisseur, den Bärlach – teilweise in Dürrenmatts Originalkleidung. Jon Voight, ebenfalls bereits Oscar-Preisträger, spielte Tschanz, und Robert Shaw, einem breiten Publikum durch den Kassenschlager *Der weiße Hai* bekannt, den Gastmann. Die Rolle der Anna wurde mit Jacqueline Bisset besetzt.

Internationale Starschauspieler zur Erhöhung der Attraktivität des Films und Sicherstellung der Finanzierung

Maximilian Schells großem Freundes- und Bekanntenkreis ist es zudem zu verdanken, dass es im Film noch ein paar kleine Extras gibt, die zwar von der Vorlage nicht gefordert, aber von zusätzlichem Reiz für die Zuschauer sind. So hat auf Bitten Schells der bekannte Schauspieler Donald Sutherland zu Beginn einen Glanzauftritt als Leiche Schmieds, wofür er keine hohe Gage bekommen konnte, sich aber auf einer Ausstellung ein Bild aussuchen durfte. Und der berühmte israelische Geiger Pinchas Zukerman sagte drei Konzertabende ab, um zwei Kurzauftritte im Film zu absolvieren: einmal das Hauskonzert in Gastmanns Villa, mit Maximilian Schell selbst am Klavier, und später ein Solo, unter einem Herbstbaum stehend, eine optisch, akustisch und atmosphärisch sehr schöne Szene.

Auch deutschsprachige Schauspieler wirkten mit, allerdings in kleineren Rollen, so z.B. der österreichische Kabarettist und Schauspieler Helmut Qualtinger als von Schwendi. Der Clou dürfte aber der Auftritt Dürrenmatts als Schriftsteller Friedrich gewesen sein – für den Autor wohl ein großer Spaß. Gedreht wurde an Originalschauplätzen in der Schweiz, einige Szenen auch in Dürrenmatts Haus in Neuchâtel, und in Istanbul (im Roman noch Konstantinopel); für die Filmmusik wurde ein weiterer Star, der italienische Komponist Ennio Morricone, engagiert (unvergesslich u.a. seine Filmmusik für *Spiel mir das Lied vom Tod*).

Dürrenmatts Filmauftritt als Schriftsteller Friedrich

Grundlegende Handlungsstruktur des Romans bis auf kleine Abweichungen beibehalten – Umstellungen im Handlungsablauf

Vergleicht man nun den Film mit dem Roman, so ist festzustellen, dass die grundsätzliche Handlungsidee und die wichtigsten Personenkonstellationen beibehalten sind. Einzelne wichtige Szenen stimmen textlich sogar vollständig mit dem Original überein. Gleichwohl gibt es einige bedeutende Unterschiede. Diese sind zunächst der Absicht geschuldet, die Verständlichkeit für den Zuschauer zu sichern. Dies wird durch Umstellungen im Handlungsablauf erreicht. So wird die Vorgeschichte, Bärlach und Gastmann in Istanbul, die Wette und der Mord, direkt am Anfang gezeigt; der entsprechende Text dazu wird im Off gesprochen. Später, in der Konfrontation zwischen Bärlach und Gastmann in Bärlachs Haus, wird die Geschichte der Wette noch einmal durch die Akteure zusammengefasst, wobei der Zuschauer dann schon auf Bekanntes zurückgreifen kann. Die ärztliche Untersuchung Bärlachs durch Dr. Hungertobel und dessen Diagnose folgt unmittelbar auf die Szene mit dem Leichenfund durch Clenin – auf diese Weise ist der Zuschauer schon sehr früh über Bärlachs lebensbedrohlichen Krankheitszustand informiert. Tschanz wiederum spielt dem Kommissar schon bei ihrem ersten Treffen in dessen Büro den von ihm angenommenen Tathergang vor. Dies unterstreicht einerseits die Ambition und übergroße Aktivität Tschanz' und bereitet andererseits den Zuschauer auf die Szene vor, in der Bärlach am Tatort zu dem entsetzten Tschanz ins Auto steigt und so den Tathergang auf seine Art nachstellt.

Hinzufügungen zum besseren Verständnis

Es finden sich aber auch einige zusätzliche Szenen. So wird z. B. gezeigt, dass nicht nur von Schwendi Dr. Lutz auffordert, die Untersuchungen gegen Gastmann einzustellen, sondern dass dieser Befehl sogar von ‚ganz oben', nämlich dem Minister, kommt, bei dem Lutz vorsprechen muss. Auf diese Weise wird die Kritik an den Machenschaften Schweizer Politiker und Wirtschaftsführer noch verstärkt. Tschanz trifft schon am ersten Abend auf Gastmann, als er durch dessen Fenster schaut – die Gefährlichkeit Gastmanns und die Entschlossenheit Tschanz' sind hier schon greifbar. Eine bizarre Szene spielt sich auf dem Flughafen ab, am Morgen nach der Auseinandersetzung zwischen Gastmann und Bärlach, in der Gastmann dem Kommissar ein Verbrechen angekündigt hat. Gastmann spricht mit von Schwendi, scheinbar soll dieser mit neuen Aufträgen abreisen. Alles scheint in Ordnung. Doch dann werden Bärlach und Tschanz Zeugen, wie unter dem hysterischen Geschrei der anwesenden Fluggäste die Leiche von Schwendis auf dem Gepäckband vorbeirollt. Gastmann, der seine Macht gezeigt und seine Ankündigung wahr gemacht hat, verschwindet lächelnd.

Hier ist bereits eine Modifikation in der Darstellung einzelner Charaktere festzustellen: Von Schwendi ist im Film nur ein kleiner Handlanger Gastmanns und nicht der überheblich auftretende und selbstgewisse Manipulator wie im Buch. Auch Gastmanns Rolle hat sich verändert: Im Roman bleibt er als Figur relativ wenig ausgestaltet, verkörpert vielmehr das Konzept des Nihilisten, der nach Belieben Gutes wie Böses tut. Im Film ist er viel häufiger präsent, er ist zu einer Art grausamen und mächtigen Paten, Kopf einer international operierenden Verbrecherbande geworden, der mit Menschen spielt, sie beherrscht und ohne Skrupel vernichtet, wenn sie ihm nicht mehr nützen oder er – wie am Flughafen – seine Macht und Unangreifbarkeit demonstrieren will. Dadurch wird die Figur zwar in gewisser Weise simplifiziert, aber für den Zuschauer auch greifbarer, weniger abstrakt, mehr einem bekannten Filmstereotyp verwandt.

Detailliertere Gestaltung der Figur Gastmann

Ebenso ist die spezifische Beziehung zwischen Bärlach und Dr. Lutz im Film ausgelassen – hauptsächlich, weil Lutz' Rolle wie die von Schwendis reduziert wurde. Sein einziger längerer Auftritt ist der bei Schmieds Beerdigung, wo er, trotz einsetzenden Unwetters und Störung durch Gastmanns betrunkene Leibwächter (hier bleibt der Film nah am Buch), eine völlig sinnfreie Grabrede hält und dadurch doppelt lächerlich wirkt. Die Konfrontationen mit Bärlach fallen weg, wodurch der mangelnde Respekt des alten Kommissars vor Autoritäten, seine insgeheim vorhandene Verachtung für die Marionette Lutz nur indirekt deutlich wird.

Reduzierung der Figur Dr. Lutz

Überhaupt ist Kommissar Bärlach im Film nicht die ambivalente, zweifelhafte, am Ende dämonische Gestalt wie im Roman, eher – und damit ebenso einer wichtigen

Bärlach verliert das Dämonische

Dimension beraubt – der alte, brummige, zunächst unterschätzte, dann aber alle durchschauende Einzelgänger, der den Fall bzw. die Fälle am Ende fast beiläufig löst. Zwar geschieht auch dies bei einem opulenten Mahl, die Wirkung ist aber eher eine komische als eine entsetzliche. Auch hier trifft der Zuschauer auf filmhistorisch Bekanntes: den etwas exotisch wirkenden Detektiv bzw. Polizisten, den man belächelt, aber auch bewundert, der letzten Endes dann doch das Gute gegen das Böse (Gastmann) verkörpert.

Änderung der Beziehung zwischen Bärlach und Gastmann

Eine weitere auffällige Änderung gegenüber dem Roman sorgt für eine nicht zu unterschätzende Verschiebung in der Beziehung zwischen Bärlach und Gastmann: Die Person, die Gastmann damals in Istanbul von der Brücke stieß, um seine These zu beweisen, ist nicht ein fremder Kaufmann, sondern ein junges Mädchen, Nadine, das mit beiden Männern befreundet und in das beide – wie sich im Laufe des Films herausstellt – verliebt waren. Beide haben immer noch ein Foto von Nadine in ihren jeweiligen Wohnungen, sie ist also auch für den Zuschauer ständig präsent und wird somit zum Hauptmotiv des lebenslangen Kampfes zwischen den Männern. Die Wette wird zwar eingegangen, aber die Grundlage für das fortgesetzte Duell ist nicht mehr ein abstrakter, kriminalistisch-philosophischer Disput, sondern es sind ganz persönliche Gefühle von unerfüllter Liebe, Hass, Wunsch nach Vergeltung.

Gastmann tötet die gemeinsame Geliebte, nicht einen anonymen Kaufmann

Der Schriftsteller: Überblick über Vergangenes und Vermutungen über die Zukunft

Die Szene mit Dürrenmatt als Schriftsteller ist dahingehend verändert, dass nur Tschanz ihn aufsucht und von ihm (anders als im Roman) über die Geschichte der Wette aufgeklärt wird; der Schriftsteller selbst war damals ein Zeuge dieser Ereignisse. Und es geht noch weiter: Der Schriftsteller entwirft, wenn auch immer mit dem Einleitungssatz „Nehmen wir an…“, für Tschanz (und damit auch für den Zuschauer) den möglichen Plan Bärlachs zur Vernichtung Gastmanns. Die ganze Zeit spielt Friedrich dabei Schach gegen sich selbst; so wird ein wichtiges Motiv des Romans aufgegriffen.

Ausgestaltung der Figur Anna

Die auffälligste Änderung, was die Figuren betrifft, ist die umfassende Erweiterung der Rolle Annas, der Verlobten des ermordeten Schmied. Sicherlich ging es zunächst auch darum, die sehr ‚männerlastige' Geschichte durch die häufigere Anwesenheit einer Frau (in dem Fall auch noch gespielt von einer bekannten und attraktiven Schauspielerin) reizvoller und abwechslungsreicher zu machen. Während im Roman die Verlobte nur ganz kurz auftaucht, Tschanz' Avancen ihr gegenüber nur ganz diskret angedeutet sind und eine eventuell gemeinsame Zukunft betreffen, ist ihre Rolle im Film mit einer eigenen Geschichte ausgestattet. Sie hat unterschiedliche Beziehungen zu allen vier männlichen Personen und spiegelt im jeweiligen Zusammenspiel mit ihnen für den Zuschauer noch einmal deren wichtige Charaktereigenschaften. Mit Schmied war sie verlobt, es war anscheinend eine echte Liebesbeziehung, wie sein von ihr gespeicherter Anruf auf ihrem Anrufbeantworter und sein Bild auf ihrem Nachttisch beweisen. Mit Tschanz beginnt sie – noch am Tag der Beerdigung – eine Affäre, was für sie eher eine Spielerei zu sein scheint, für ihn aber Anlass ist, immer wieder seine Eifersucht und seinen Hass auf Schmied zu äußern.

Annas Männerbeziehungen

Anna geht sexuelle Beziehung mit Tschanz ein

In diesem Zusammenhang erhält der Film im Gegensatz zum Roman auch eine ausgeprägt erotische Komponente (sicher auch ein Zeichen dafür, dass die Darstellung von Sexualität und Freizügigkeit Mitte der siebziger Jahre eine Selbstverständlichkeit war). Gleichzeitig ist Anna seit Jahren die Geliebte Gastmanns, den sie – wie er zugibt – an Nadine erinnert und dem sie vor Jahren einfach aus Irland gefolgt ist. Er zeigt zwar Gefühle für sie, gibt ihr allerdings auch eine brutale Ohrfeige, als sie sich ihm gegenüber allzu selbstbewusst gibt.

Ist gleichzeitig die Geliebte Gastmanns

Dieses Verhalten lässt noch einmal erkennen, wie sehr Gastmann alle Menschen in seinem Umkreis beherrscht und wie rücksichts- und mitleidlos er seine eigenen Pläne verfolgt. Vielleicht ist der Leopard, der, von Gastmann offensichtlich als Haustier gehalten, frei durch seine Räumlichkeiten schleicht, in diesem Sinne nicht nur ein exotisches Beiwerk zur staunenden Überraschung des Zuschauers, sondern auch ein besonders eindrucksvolles Zeichen für Gastmanns außergewöhnliche Machtposition. Bärlach schließlich scheint Annas Geschichte und ihre Abhängigkeit von Gastmann bereits

Dürrenmatt und der Regisseur Maximilian Schell: Der Richter und sein Henker (BRD/IT 1975) dpa (picture alliance), Frankfurt a.M.

zu kennen, zwischen den beiden entsteht eine gewisse Sympathie und Solidarität (es bleibt offen, ob Anna auch Bärlach an Nadine erinnert). Das geht schließlich so weit, dass Anna am Ende nach Tschanz' Selbstmord und vor ihrer Rückkehr nach Irland noch zu Bärlach geht, um ihn vor einem noch von Gastmann geplanten Mordanschlag während der Magen-OP zu warnen (was Bärlach natürlich schon wusste).

Warnt Bärlach vor geplantem Mordanschlag

Verfilmung will hauptsächlich unterhalten

So wird der Film dem Roman insgesamt sicher gerecht, was die ungewöhnliche Grundidee betrifft, ist aber eindeutig durch Glättung bestimmter Figurenmerkmale und Vereinfachung der Motivationsstruktur darauf ausgerichtet, vor allem einen eigenen ästhetischen Anspruch zu erfüllen und den Zuschauer gleichzeitig zu unterhalten.

3 Schnellcheck

Übersicht 1: Bärlach

Übersicht 2: Gastmann

Übersicht 3: Tschanz

Übersicht 4: Dr. Lutz und von Schwendi

Übersicht 5: Die Wette

Übersicht 6: Recht und absolute Gerechtigkeit

Übersicht 7: Zufall und Spiel

Übersicht 8: Das Groteske

Übersicht 1: Bärlach

Der Einzelgänger

- Der über sechzigjährige Bärlach ist die **Hauptfigur** des Romans.
- Er ist ein **fähiger Kriminalist**,
- **ein Einzelgänger** und **Sonderling, kein Opportunist**.
- Er urteilt und handelt **unabhängig**,
- hat **keinen Respekt** vor Autoritäten oder dem Polizeiapparat.

Bärlach und Gastmann

sind vierzig Jahre zuvor in Konstantinopel eine **Wette** eingegangen.

- Bärlach bestritt damals, dass ein perfektes Verbrechen denkbar ist, Gastmann hielt es dagegen für möglich.
- Zum Beweis beging er vor Bärlachs Augen einen **Mord**, den der Kommissar niemals aufklären konnte.
- **Bärlachs Leben** ist seither **darauf ausgerichtet**, **Gastmann**, der weiterhin Verbrechen begeht, **zur Strecke** zu **bringen** und **Gerechtigkeit** herzustellen.

Der Richter

Als es Bärlach nicht gelingt, Gastmann mit kriminalistischen Mitteln zu stellen, **überschreitet** er schließlich seine **Kompetenz als Polizeibeamter** und **verstößt gegen moralische Wertvorstellungen**.

- Er übt **Selbstjustiz**, indem er sich als **Richter** begreift und seinen Erzfeind Gastmann „zum Tode verurteilt" (100).
- Er **handelt illegal** und **unmoralisch**, als er seinen Mitarbeiter **Tschanz** kaltblütig zu seinem **Werkzeug** macht und ihn schließlich dazu bringt, das Todesurteil an Gastmann zu vollstrecken.

Dämon und Todgeweihter

- Am Ende klärt Bärlach den bis dahin unwissenden Tschanz bei einem opulenten Abendessen über seine Intrige auf. Der Erzähler verleiht ihm nun **grausame, fast unmenschliche Züge**: Er nennt ihn einen „Dämon, der einen unendlichen Hunger stillte" (111).
- Nach dem Abendessen **bricht Bärlach**, der wegen einer Magenerkrankung immer wieder starke Schmerzattacken erlitten hat, **zusammen**. Er hat nur noch eine **Lebenserwartung von einem Jahr**.

Übersicht 2: Gastmann

Das offizielle Bild von Gastmann

Gastmann wird zunächst aus der Sicht anderer Figuren vorgestellt.

- Er gilt als gesellschaftlich **anerkannte**, **hochstehende Persönlichkeit**,
- ist **sympathisch** und **beliebt**, **reich** und **großzügig**,
- viel gereist und ein **Mann von Welt**,
- genießt **großes Ansehen** in **wissenschaftlichen** und den höchsten **politischen** und **wirtschaftlichen Kreisen**.

Gastmanns Selbstdarstellung

Im Dialog mit Bärlach zeigt Gastmann seine andere Seite, nämlich die des skrupellosen Großverbrechers.

- Er erinnert an den Mord in Konstantinopel, den Bärlach ihm nie nachweisen konnte.
- Er beschreibt den weiteren Verlauf seiner Verbrecherkarriere und nennt seine Motive: Er habe aus **Übermut** Gutes und „wieder aus einer anderen **Laune** heraus“ (70) Böses getan, dabei einen „abenteuerliche[n] **Spaß**“ (ebd.) gehabt.

Der Schriftsteller über Gastmann

Er bestätigt und ergänzt Gastmanns Selbstdarstellung.

- Gastmann hält sich nicht an bestimmte Regeln oder Werte, so der Schriftsteller.
- Vielmehr entscheide er sich aus **Zufall** und **Laune** heraus für das Gute oder Böse, ohne dabei eigene, etwa materielle Interessen, zu verfolgen.
- Er nennt Gastmann einen **Nihilisten** und erläutert: „Bei ihm ist das Böse nicht der Ausdruck einer Philosophie oder eines Triebes, sondern seiner Freiheit: der Freiheit des Nichts.“ (83)

Gastmann und Bärlach

- Ihre gegenseitige Feindschaft scheint sie miteinander zu verbinden.
- Es besteht aber auch eine **grundsätzliche Gemeinsamkeit** zwischen ihnen: **Beide** sind **besessen davon**, ihre, wenn auch gegenläufigen, **Vorstellungen durchzusetzen:** Gastmann die Idee von absoluter Freiheit, Bärlach jene von der absoluten Gerechtigkeit. Dabei gehen beide buchstäblich über Leichen.

Übersicht 3: Tschanz

Der Mörder Schmieds

- Tschanz ist Polizeileutnant,
- Assistent von Bärlach,
- soll zusammen mit Bärlach den Mord am Kollegen Schmied aufklären.
- Dabei ermittelt **Tschanz** gewissermaßen in eigener Sache, denn, wie sich später herausstellen wird, ist er selbst der **Mörder Schmieds.**

Die Mordmotive

Tschanz wollte mit dem Mord an Schmied einen **Rivalen loswerden**, den er **beneidete** und dem er sich zugleich **unterlegen fühlte**.

- Er blickte missgünstig auf **Schmieds privilegierte Herkunft**, die es ihm ermöglicht hatte, ein Gymnasium zu besuchen und später noch zu studieren.
- Er war neidisch auf **Schmieds berufliche Erfolge** und machte ihn umgekehrt für die eigenen Misserfolge verantwortlich.
- Er beneidete Schmied letztlich auch wegen seines **Autos**, seiner **Freundin** und der **Wertschätzung**, die ihm seine Vorgesetzten zuteil werden ließen.

Tschanz als Werkzeug Bärlachs

Tschanz will Gastmann mit dem Mord an Schmied **belasten** und wird so **unwissentlich Teil einer Intrige Bärlachs**:

- Er tötet Gastmann im Glauben, damit endgültig jeden Verdacht von sich ablenken zu können.
- Tatsächlich handelt er aber als Werkzeug Bärlachs, der Gastmann vernichten will.

Tschanz' ausweglose Situation

- Zu spät begreift Tschanz, dass er mit der Tötung Gastmanns nur das Urteil Bärlachs vollstreckt hat.
- Die Erkenntnis, von Bärlach **als „Henker“ benutzt** und **zu einem weiteren Mord getrieben** worden zu sein, macht Tschanz die ganze Ausweglosigkeit seiner Existenz klar. Sein eigener Tod, der sicher als **Selbstmord** anzusehen ist, bildet das konsequente Ende dieses gescheiterten Lebens.

Übersicht 4: Dr. Lutz und von Schwendi

Dr. Lutz und von Schwendi sind **Vertreter des Rechts** und **staatlicher Institutionen.** Dürrenmatt stellt sie oft ironisch dar und charakterisiert sie als **fragwürdige Persönlichkeiten.**

Dr. Lucius Lutz

- Untersuchungsrichter und Chef der Berner Kriminalpolizei,
- Bärlachs Vorgesetzter.
- Er ist ein unfähiger Kriminalist,
- die Karikatur eines hohen Polizeibeamten,
- verdankt seine Karriere wohl eher gesellschaftlichen Beziehungen als einem kriminalistischen Talent,
- genießt andererseits großes Ansehen und hält sich selbst durchaus für kompetent.
- Er ist eine schwache, manipulierbare Persönlichkeit,
- besitzt keinerlei Autorität,
- kann sich weder gegen Bärlach noch gegen Gastmanns Rechtsanwalt von Schwendi durchsetzen.
- Von Schwendi, seinem Partei- und Duzfreund, verspricht er, Gastmann zu verschonen und keine Hausdurchsuchung bei ihm durchführen zu lassen.

Oskar von Schwendi

- Nationalrat und Oberst,
- Gastmanns Rechtsanwalt.
- Er ist in den Machtkomplex von Politik, Militär und Wirtschaft eingebunden,
- wirkt bei seinem ersten Auftritt allerdings nicht seriös, sondern komisch und „sichtlich desorientiert" (36).
- Er setzt den Parteifreund Lutz unter Druck, um Vorteile für seinen Klienten Gastmann auszuhandeln,
- stellt finanzielle Interessen über die Aufdeckung der Wahrheit,
- ist ein korrumpierbarer Politiker, der nicht dem öffentlichen Wohl dient.
- Nach Gastmanns Tötung durch Tschanz distanziert er sich von seinem Klienten und stellt sich selbst als Opfer einer großen Intrige hin: „Unsere Kreise werden eben von allen möglichen Leuten geradezu schamlos ausgenützt […]." (107)

Übersicht 5: Die Wette

Bärlachs und Gastmanns gesamtes Leben wird von einer Wette bestimmt, die sie als junge Männer in Konstantinopel eingegangen sind.

Bärlach behauptete damals, dass alle Verbrechen aufgeklärt werden können und ein perfektes Verbrechen nicht möglich sei.

Gastmann widersprach ihm und meinte, dass viele Verbrechen unentdeckt bleiben. Der Mord, den er daraufhin beging, schien seine Behauptung zu bestätigen: Bärlach gelang es auch später nicht, Gastmann dieses Verbrechen nachzuweisen.

Der Kampf zwischen Gut und Böse

Der Mord in Konstantinopel ist der Beginn eines lebenslangen Wettstreits zwischen Gastmann und Bärlach. Dabei vertreten sie zunächst völlig gegensätzliche Positionen.

- **Gastmann** nimmt sich die **Freiheit** heraus, **Böses zu tun**.
- **Bärlach** tritt dagegen für **moralische Werte**, für **Recht** und **Gerechtigkeit** ein.

Diese klar gezogene Grenze verschwimmt allerdings. Zwar bleibt Gastmann der Verbrecher, der er schon in Konstantinopel war. **Bärlach** dagegen **wandelt sich**.

- Er **bricht** im Kampf gegen Gastmann schließlich selbst **Gesetze**.
- Er übt **Selbstjustiz** und beruft sich dabei auf eine höhere, absolute Gerechtigkeit.
- Er wird vom Aufklärer zum **Strafenden**, vom integren Kriminalisten zum selbstsüchtigen **Manipulator**, der andere für seine Zwecke benutzt.

Beide verlieren den Wettstreit

- **Gastmann**, weil er schließlich doch bestraft wird, wenn auch für ein Verbrechen, das er nicht begangen hat;
- **Bärlach**, weil er am Ende Gastmann zwar besiegt, sich dabei aber illegaler und damit gerade jener Mittel bedient, die er Gastmann zum Vorwurf macht.

Übersicht 6: Recht und absolute Gerechtigkeit

Das Versagen des Rechtssystems

- Anders als im traditionellen Kriminalroman, in dem ein Kommissar das Unrecht aufklärt, **gelingt es Bärlach nicht, Gastmann** den **Mord** in Konstantinopel **nachzuweisen.**
- Ebenso wenig werden Gastmanns spätere Verbrechen und illegalen Machenschaften aufgeklärt, wohl auch, weil **staatliche Institutionen sie decken** (vgl. die Absprache zwischen Lutz und von Schwendi).

Bärlachs Selbstjustiz

Da Bärlach Gastmann nicht mit den gängigen Rechtsmitteln überführen kann, übt er schließlich **Selbstjustiz.** Er **bricht** das **Recht**, das er als Polizeibeamter eigentlich achten und schützen sollte.

- Er **erhebt sich** selbst **zum Richter** über Gastmann und verhängt das Todesurteil über ihn,
- er **benutzt** und **manipuliert Tschanz** und bringt ihn dazu, das Urteil zu vollstrecken.

Bärlach verstößt gegen die Rechtsordnung, um Gastmann wegen seiner Verbrechen zu bestrafen.

Absolute Gerechtigkeit

Bärlach **überhöht** seine **rechtswidrige Vorgehensweise** und meint, sie ethisch und moralisch rechtfertigen zu können: Er lässt Gastmann „in Gottes Namen“ (100) ermorden – eine Floskel vielleicht, die aber doch zeigt, dass er im Sinne einer **höheren, absoluten Gerechtigkeit** zu handeln glaubt.

Am Ende sieht Bärlach seine **Aufgabe erfüllt.** Er hat Gastmann gerichtet und damit seiner **eigenen Auslegung von Gerechtigkeit entsprochen.**

- Das weitere Schicksal von Tschanz interessiert ihn nicht.
- Ihm ist auch gleichgültig, dass Tschanz' und Gastmanns Verbrechen im Sinne des geltenden Rechts niemals aufgeklärt werden.

Übersicht 7: Zufall und Spiel

Bärlachs Vorgehensweise hängt von **zufälligen Ereignissen** ab, die der Kommissar oft aber geschickt zu **instrumentalisieren** versteht.

- Bärlach hat Schmied auf Gastmann angesetzt. Er will so an Beweise gelangen, mit denen er Gastmann zur Strecke bringen kann.
- **Tschanz durchkreuzt** Bärlachs **gut kalkulierten Plan** wie eine Art **personifizierter Zufall** und tötet Schmied aus persönlichen Gründen.

Bärlach **verwandelt** diesen störenden **Eingriff des Zufalls** in einen hinterlistigen und letztlich **erfolgreichen neuen Plan**: Er treibt Tschanz so in die Enge, dass dieser, um von seiner eigenen Schuld abzulenken und in der Hoffnung auf beruflichen Aufstieg, Gastmann schließlich tötet.

Bärlachs **Umgang mit** dem **Zufall** und ebenso mit den **Menschen widerspricht** den Thesen, die er Gastmann in Konstantinopel entgegengehalten hat.

Bärlach hat behauptet, dass der **Zufall**, der nicht zu berechnen sei, das **perfekte, unentdeckte Verbrechen verhindern** würde.

↕

Bärlach begeht mit der **Hinrichtung Gastmanns** ein Verbrechen, das **nicht aufgeklärt** wird. Dabei **helfen** ihm **Zufälle**, mit denen er geschickt und planvoll taktiert.

Bärlach war überzeugt, dass es **unmöglich** sei, „mit Menschen wie mit Schachfiguren zu operieren" (67).

↕

Sein **Verhalten Schmied** und vor allem **Tschanz gegenüber** steht im Widerspruch dazu: Er dirigiert sie in seinem **Planspiel** gegen Gastmann wie Schachfiguren und macht sie zu seinen **Werkzeugen**. Einen „unerbittlichen Schachspieler" (114) nennt ihn der Erzähler, der Tschanz schließlich „matt gesetzt" habe.

Übersicht 8: Das Groteske

Begriffserklärung

Von einer grotesken Darstellung spricht man, wenn

- **Figuren** oder **Handlungen** eines künstlerischen Werkes **überzeichnet** werden,
- dadurch komisch und zugleich **bedrohlich**, **lächerlich** und gleichfalls **furchterregend** wirken.

Funktion

Dürrenmatt verwendet in vielen seiner Werke groteske Übertreibungen.

- Er will die **Leser oder Zuschauer** damit **verblüffen** und erreichen, dass sie sich mit dem literarischen Geschehen **nicht identifizieren**.
- **Stattdessen** sollen sie sich **aus der Distanz** und **kritisch** mit den fiktiven Handlungen und Figuren **auseinandersetzen**.

Groteske Szenen in *Der Richter und sein Henker*

Schmieds Trauerfeier

- Bei strömendem Regen geben die **beteiligten Personen** in ihren „gleichen Regenmänteln, mit den gleichen steifen, schwarzen Hüten, die Schirme wie Säbel in den Händen“ (59) ein **komisches** und **zugleich bedrohliches Bild** ab.
- Ebenso haben die beiden betrunkenen **Handlanger Gastmanns neben lächerlichen** auch **furchteinflößende Züge**: „Es waren zwei brutale, riesenhafte Kerle, befrackte Schlächter [...].“ (61)

Das Henkersmahl

- Das feierliche Abendessen, zu dem Bärlach Tschanz eingeladen hat, um ihn als Mörder zu entlarven, entwickelt sich zu einem „grauenhafte[n] Mahl“ (114), zu einer „nächtlichen Hölle“, und Bärlach erscheint als „Dämon, der einen unendlichen Hunger stillte“ (111).
- Mit diesen **grotesken Übertreibungen** betont Dürrenmatt die **unheimlichen** und schließlich **unmenschlichen Züge Bärlachs**, der Tschanz **kaltblütig** manipuliert und im Kampf gegen Gastmann zu seinem Werkzeug gemacht hat.

4 Prüfungsaufgaben und Lösungen

1. Polizisten
2. Romananfänge
3. Kampf mit dem Bösen
4. Nächtlicher Überfall
5. Im Spiegel der Kritik
6. Bertolt Brecht über den Kriminalroman
7. Was ist Gerechtigkeit?
8. Ein Schweizer Kollege

1. Polizisten

Textgrundlage

Friedrich Dürrenmatt, *Der Richter und sein Henker*, S. 5 („Alphons Clenin") bis S. 8 („im Tram offen sagte")

Aufgabenstellung

1. Erläutert die dargestellte Situation.
2. Beschreibt und vergleicht die ersten Eindrücke des Lesers von den drei Polizisten Clenin, Bärlach und Dr. Lutz.

Lösungsvorschlag

Zu 1.1

Es handelt sich um den Anfang des Romans. An einem nebligen Novembertag findet der Schweizer Dorfpolizist Clenin am Straßenrand ein Auto, dessen Fahrer offensichtlich eingeschlafen ist. Bei näherem Hinsehen stellt sich allerdings heraus, dass der Mann erschossen worden ist. Clenin findet einen Ausweis bei dem Toten; dieser stellt sich als Polizeileutnant Schmied aus Bern heraus.

Clenin ist mit der Situation überfordert und entscheidet sich schließlich, den Toten im Auto nach Bern zu bringen. Dort wird der Fall dem Vorgesetzten des Toten, Kommissar Bärlach, übergeben. Dieser verhängt zunächst eine Informationssperre für die Zeitungen und muss sich dabei gegen seinen Vorgesetzten, Dr. Lucius Lutz, durchsetzen, der ein Anhänger modernerer Polizeimethoden ist.

Zu 1.2

Alphons Clenin wird wie ein typischer Dorfpolizist dargestellt, er hat keinerlei Erfahrungen mit Kapitalverbrechen und hasst Skandale. Zunächst agiert er als Mensch, nicht in seiner amtlichen Funktion; er möchte dem scheinbar betrunkenen Fahrer helfen. Als er festgestellt hat, dass es sich in diesem Fall um ein Verbrechen handelt, reagiert er völlig verwirrt und unsicher. Schließlich möchte er die Verantwortung so schnell wie möglich loswerden und vergisst dabei auch, dass er als Polizeibeamter den Tatort möglichst nicht verändern sollte. Während des Leichentransports steigert sich seine Angst und Unsicherheit noch weiter, er kann die bizarre Situation – mit dem Toten auf dem Beifahrersitz – kaum ertragen. Insgesamt wirkt Clenin durchaus sympathisch, nicht unbedingt durch seine Fähigkeiten als Polizeibeamter, sondern eher durch seine nachvollziehbaren menschlichen Schwächen.

Kommissar Bärlach, der den Fall in Bern übernimmt, ist ein weltoffener Mann; er hat im Ausland in führenden Positionen gearbeitet und zu seiner Heimatstadt Bern ein eher zwiespältiges Verhältnis. Seine Rückkehr aus Frankfurt, wo er sogar Leiter der Kriminalpolizei war, erfolgte aus politischen Gründen: Er hatte einen hohen nationalsozialistischen Beamten geohrfeigt. Dies deutet auf Mut, Selbstbewusstsein und persönliche Integrität Bärlachs hin, der sich – im Gegensatz zu seinen Schweizer Landsleuten – nicht scheut, zu seiner kritischen politischen Einstellung zu stehen. Seine Vorgehensweise als Polizist ist routiniert, aber eher konservativ: Er will den Fall nach seinen eigenen Regeln lösen und steht den Medien, vielleicht aus persönlichen schlechten Erfahrungen, kritisch gegenüber. Er setzt dies auch gegenüber seinem Chef durch, der von Bärlachs Geheimhaltung nichts hält. Insgesamt wirkt der Kommissar wie ein Mann mit viel Erfahrung und einer starken Persönlichkeit, vielleicht auch ein wenig einschüchternd.
Dr. Lucius Lutz, Bärlachs Chef, gibt sich ebenfalls sehr weltläufig und ist zudem, aufgrund eines Erbonkels, sehr wohlhabend. Es bleibt offen, ob er diesem Umstand auch seine Position zu verdanken hat. Lutz ist sehr karriereorientiert, hat den Doktortitel erworben und hält selbst Vorlesungen über Kriminalistik an der Universität. Er hat an Fortbildungen in New York und Chicago teilgenommen und führt dies immer wieder an, um die Rückständigkeit der Schweizer Polizei zu kritisieren. Gleichzeitig versucht er, sich damit gegenüber seinem Vorgesetzten, dem Polizeidirektor, ins rechte Licht zu setzen. Insgesamt wirkt Dr. Lutz wie ein Gegenbild zu Bärlach: nicht unbedingt sympathisch, ein etwas großspuriger Karrierist, der viel über Theorie weiß und offensichtlich die Berner Polizei nach modernen Methoden ausrichten will.

2. Romananfänge

Textgrundlage

Henning Mankell, *Der Mann, der lächelte*, München: Deutscher Taschenbuch Verlag 2010, S. 7f. (Anfang des Romans)

Zur Erläuterung: Henning Mankell (geb. 1948) ist ein schwedischer Schriftsteller, der vor allem durch seine Kriminalromane mit Kommissar Kurt Wallander bekannt geworden ist, die auch mehrmals verfilmt wurden.

Nebel.
Er schleicht lautlos heran wie ein Raubtier, dachte er. Ich werde mich nie daran gewöhnen, dachte er, obwohl ich mein ganzes Leben in Schonen verbracht habe, wo der Nebel die Menschen ständig in Unsichtbarkeit versinken lässt.
Es war am 11. Oktober 1993, neun Uhr abends. Der Nebel zog rasch vom Meer herauf. Er war im Auto auf dem Heimweg nach Ystad und hatte Brösarps Backar passiert, als sein Wagen direkt in den weißen Dunst hineinfuhr. Sofort wurde er von Panik erfasst. Ich fürchte mich vor Nebel, dachte er. Dabei sollte ich eher den Mann fürchten, den ich eben auf Schloss Farnholm besucht habe. Diesen freundlichen Mann, dessen Mitarbeiter sich stets diskret im Hintergrund halten, damit ihre Gesichter im Schatten bleiben. Irgendwie bedrohlich. An ihn sollte ich denken, denn ich weiß nun, was sich hinter seinem freundlichen Lächeln verbirgt, hinter dieser Maske des unbescholtenen, über jeden Verdacht erhabenen Bürgers. Vor ihm sollte ich mich fürchten, nicht vor dem Nebel, der aus der Bucht von Hanö herantreibt. Jetzt, da ich weiß, dass er nicht zögert, Menschen zu töten, die ihm im Wege stehen.
Er ließ die Scheibenwischer laufen, denn in der Feuchtigkeit beschlug die Frontscheibe ständig. Er fuhr nicht gern im Dunkeln. Die Fahrbahn reflektierte das Scheinwerferlicht, sodass er kaum die Hasen erkennen konnte, die vor ihm über die Straße wirbelten. Ein einziges Mal, vor über dreißig Jahren hatte er einen Hasen überfahren. Es war auf dem Weg nach Tomelilla, an einem Frühlingsabend. Er erinnerte sich daran, wie sein Fuß zu spät auf die Bremse getreten hatte. Es folgte der sanfte Stoß gegen die Karosserie. Er hatte angehalten, war ausgestiegen und zu dem Hasen gelaufen, der ihn ununterbrochen anstarrte. Der Körper schien bereits gelähmt, nur die Hinterläufe zappelten noch. Er hatte sich gezwungen, nach einem Stein zu suchen, und die Augen geschlossen, als er den Hasenschädel zertrümmerte. Dann war er zum Wagen zurückgegangen, ohne sich noch einmal umzudrehen. Die Augen des Hasen und die wild strampelnden Läufe hatte er nicht vergessen können. Er war das Bild einfach nicht losgeworden. Er sah es immer wieder vor sich, ganz unvermutet.
Er versuchte, das Unbehagen abzuschütteln.
Ein Hase, der seit dreißig Jahren tot ist, kann einen Menschen verfolgen, ohne damit Schaden anzurichten, dachte er. Ich habe mit den Lebenden mehr als genug zu tun.
Plötzlich wurde ihm bewusst, dass er ungewöhnlich oft in den Rückspiegel schaute.
Wieder dachte er: Ich habe Angst. Jetzt erst wird mir klar, dass ich auf der Flucht bin.
Ich fliehe vor dem, was sich hinter den Mauern von Schloss Farnholm verbirgt. Und ich weiß, dass sie wissen, dass ich weiß. Aber wie viel? Genug, um sie zu beunruhigen: Ich

könnte den Eid brechen, den ich einst als junger Anwalt nach dem Examen abgelegt habe, zu jener Zeit, als der Eid noch eine heilige Verpflichtung beinhaltete. Fürchten sie das Wissen eines alten Anwalts?
Es blieb dunkel im Rückspiegel. Er war allein im Nebel. In einer knappen Stunde würde er wieder in Ystad sein.
Der Gedanke erleichterte ihn für einen Augenblick.
Sie waren ihm also nicht gefolgt. Morgen würde er entscheiden, was zu tun war. Er würde mit seinem Sohn sprechen, der als sein Teilhaber ebenfalls in der Kanzlei tätig war. Es gab immer eine Lösung, das hatte ihn das Leben gelehrt. Also musste auch diesmal eine zu finden sein.

Aufgabenstellung

1. Fasst den Inhalt des Anfangs von Mankells Roman kurz zusammen.
2. Erläutert, wie Spannung und Leserinteresse erzeugt werden.
3. Vergleicht den Anfang von Henning Mankells modernem Kriminalroman aus dem Jahr 2001 mit dem Anfang von Friedrich Dürrenmatts *Der Richter und sein Henker* aus den 1950er-Jahren. Geht auf Gemeinsamkeiten und Unterschiede ein.

Lösungsvorschlag

Zu 2.1

Der Romananfang schildert die Rückfahrt eines Anwalts aus dem Ort Ystad im Nebel nach einem Treffen mit einem neuen Klienten, der offensichtlich zurzeit auf einem Schloss lebt. Es zeigt sich, dass der Anwalt ein großes Unbehagen angesichts dieses Klienten entwickelt hat, den er für einen gefährlichen Mann hält und der auch nicht davor zurückschreckt, einen anderen Menschen zu töten. Wachsende Gefühle von Angst und Bedrohung äußern sich darin, dass der Anwalt ständig in den Rückspiegel schaut, um festzustellen, ob er verfolgt wird. Er nimmt sich vor, am nächsten Tag mit seinem Sohn, der Teilhaber in seiner Anwaltskanzlei ist, über den Fall und eine mögliche Lösung zu sprechen.

Zu 2.2

Spannung und Leserinteresse werden auf verschiedene Weise erzeugt. Das Verhalten des Mannes im Auto (Blicke in den Rückspiegel, Panik angesichts des dichten Nebels) lässt auf große Angst schließen. Durch die ausschließliche Sichtweise des Anwalts und die Wiedergabe seiner Gedanken kann der Leser dessen Reflexion der Situation und Gründe für die Angstgefühle nachvollziehen, ohne den genauen Grund zu verstehen. Die Persönlichkeit des noch namenlosen Klienten, die offensichtlich für die Gefühle des Anwalts verantwortlich ist, wird als furchteinflößend und bedrohlich dargestellt; es entsteht das Bild eines nach außen freundlichen und gut situierten Bürgers,

hinter dessen Maske sich ein zu allem fähiger Verbrecher verbirgt. Attribute wie die Mitarbeiter, eher Leibwächter, im Hintergrund verstärken diesen Eindruck. Außerdem wird angedeutet, dass der Anwalt Zeuge eines Vorfalls geworden ist, der ihn in die Situation eines unerwünschten Mitwissers gebracht und das wahre Gesicht des Klienten enthüllt hat. Daher wünscht sich der Anwalt nichts mehr, als in die Sicherheit seines Heimatortes zurückzukehren und sich am nächsten Tag mit seinem Sohn beraten zu können.
Die Atmosphäre von Angst und Bedrohung wird noch durch die Beschreibung des starken Nebels verstärkt; er ruft bei dem Anwalt Erinnerungen wach an eine Autofahrt, bei der er einen Hasen überfahren hat und schließlich erschlagen musste, um dem Tier weiteres Leiden zu ersparen. Die Tatsache, dass er diesen Vorfall immer noch in bleibender Erinnerung hat, deutet auf Sensibilität und Gewissenhaftigkeit des Anwalts hin. Damit steht er in starkem Kontrast zu dem Klienten, der offensichtlich ohne Skrupel Menschen tötet.
Insgesamt bleiben nach diesem Anfang noch viele Fragen offen, z. B. nach der wahren Identität des Klienten und dem Vorfall, der den Anwalt in diese bedrohliche Situation gebracht hat. Die Fahrt durch den Nebel spiegelt die Undurchsichtigkeit und Gefährlichkeit der Situation und die Verlassenheit des Anwalts. Der Leser fragt sich zu diesem Zeitpunkt nach dem weiteren Schicksal des Anwalts, denn seine sichere Heimkehr ist mehr als fraglich.

Zu 2.3

Eine Gemeinsamkeit der beiden Romananfänge besteht darin, dass in beiden die Darstellung der Handlungsorte und der Atmosphäre wichtig ist: Nebel und Einsamkeit der Landstraßen symbolisieren Gefahr und drohendes Unheil. Auch werden in beiden Fällen zwei offensichtlich anständige und menschlich handelnde Personen (Dorfpolizist Clenin und der Anwalt) mit einem Verbrechen konfrontiert und reagieren unsicher bis panisch.
Es gibt aber auch einige Unterschiede: So steht bei Dürrenmatt das Verbrechen am Anfang (Mord an Polizeileutnant Schmied), während bei Mankell für den Leser das Verbrechen noch nicht greifbar ist, lediglich als Ahnung oder Vermutung existiert. Bei Dürrenmatt ist von Anfang an die Polizei im Spiel; nach dem Schema des klassischen Detektivromans steht also die Aufklärung des Verbrechens im Vordergrund. Bei Mankell dagegen beginnt der Roman mit der Darstellung eines normalen Bürgers, seiner Gedanken und Gefühle. Hier steht offensichtlich die Psychologie der Figuren im Mittelpunkt, was eher der modernen Herangehensweise an einen Kriminalroman entspricht.
In *Der Richter und sein Henker* wird die Geschichte dagegen von einem eher distanzierten Standpunkt erzählt, die Gedanken der Figuren werden meist aus der Außenperspektive dargestellt und kommentiert. In Mankells Roman muss sich der Leser durch die Erzählweise die Sichtweise einer einzigen Figur, in diesem Fall des Anwalts, zu eigen machen; er wird dadurch viel stärker in die Geschichte hineingezogen.

3. Kampf mit dem Bösen

Textgrundlage

Friedrich Dürrenmatt, *Der Richter und sein Henker*, S. 32 („Tschanz verschwand in der Nacht") bis S. 35 („aus dem Rachen quoll")

Aufgabenstellung

1. Fasst den Inhalt des Auszugs zusammen und ordnet ihn in den Zusammenhang des Romans ein.
2. Erläutert die verschiedenen Bezüge dieses Auszugs zum gesamten Roman.

Lösungsvorschlag

Zu 3.1
Der Textauszug befindet sich im sechsten Kapitel des Romans. Kommissar Bärlach hat die Untersuchung des Mordfalls gemeinsam mit Tschanz, den er sich als Mitarbeiter gewünscht hat, begonnen. Es stellt sich heraus, dass Tschanz bereits gründlich recherchiert hat: Er möchte eine Spur nach Lamboing verfolgen, wo der getötete Schmied zuvor mehrmals einen Termin bei einem G. hatte. Da Schmied bei seiner Ermordung einen Abendanzug trug, vermutet Tschanz, dass er zu einem Haus gefahren sein muss, in dem vornehme Gesellschaften stattfinden. Dieses Haus will er nun finden. Tschanz ist überrascht, dass Bärlach ihn begleiten will. Nach einigen weiteren Recherchen von Tschanz gelangen sie schließlich zu einem großen, einsam liegenden Anwesen. Nach und nach kommen dort dunkle Limousinen an, es muss also offensichtlich wieder eine größere Gesellschaft stattfinden. Zum Erstaunen Bärlachs weiß Tschanz auch zu berichten, dass das G am Tor Gastmann bedeutet. Die beiden Polizisten beschließen, sich zu trennen und im Dunkeln um das Haus herumzugehen.
Bärlach fühlt sich nicht wohl, sein Magen macht ihm wieder zu schaffen. Als er glaubt, bald wieder auf Tschanz treffen zu müssen, steht plötzlich ein riesiger Hund vor ihm, der sich sofort auf den wie erstarrten Bärlach stürzt. Bevor er den Kommissar tödlich verletzen kann, wird er von Tschanz mit einem Schuss aus dessen Dienstwaffe getötet. Bärlach gesteht Tschanz auf dessen Frage, dass er nur selten eine Waffe trage.

Zu 3.2
Die vorliegende Szene stellt auf verschiedenen Ebenen Bezüge zum Ganzen her. Auf einer oberflächlich erzählerischen Ebene wird Spannung erzeugt: Die Hauptfigur gerät in Lebensgefahr und wird in letzter Minute gerettet –

ein erster Höhepunkt der Handlung ist gesetzt. Zudem verstärkt sich der erste Eindruck, den der Leser von den Figuren hat: Der alte Kommissar ist nicht mehr jeder Situation gewachsen, trägt nicht mal eine Waffe bei sich (was er im Dienst eigentlich sollte), der junge, tatkräftige Polizist hingegen ist reaktionsschnell und versiert, macht sich so in den Augen des Lesers als Begleiter des Alten unentbehrlich.
Weitere Bezüge im Hinblick auf die Entwicklung der Handlung ergeben sich erst im Nachhinein. Recht schnell stellt sich heraus, dass Kommissar Bärlach wohl von dem Hund auf Gastmanns Anwesen wusste: Nach der Rückkehr in sein Haus zieht er seinen Mantel aus und der Leser erfährt, dass sein linker Arm mit dicken Tüchern umwickelt ist, „wie es bei jenen Brauch ist, die ihre Hunde zum Anpacken einüben" (44). Zudem zieht er einen großen schweren Revolver aus der Tasche. Es wird also klar, dass Bärlach nicht nur auf einen Angriff des Hundes vorbereitet war, sondern auch Tschanz getäuscht und im Fall der Waffe sogar belogen hat. Die aus anderen Detektivgeschichten bekannte Konstellation – Detektiv und treuer, vertrauenswürdiger Helfer –, die sich durch Tschanz' hilfreiche Tat gerade erst stabilisiert hatte, wird dadurch direkt wieder in Frage gestellt. Bärlach bleibt der verschlossene Einzelgänger, wobei seine Motivation noch unklar ist. Gleichzeitig sind damit also auch dem Leser wichtige Informationen vorenthalten worden, was ihn zunehmend irritiert, misstrauisch macht und das Gefühl vermittelt, vom Kommissar nicht in sein Wissen und sein Vorhaben eingeweiht zu werden. Der Leser ist dadurch in einer ähnlichen Situation wie Tschanz, dem Bärlach schon vor dieser Episode seinen Verdacht nicht mitteilen wollte.
Des Weiteren kann der Leser erst später erschließen, dass die Tötung des Hundes durch Tschanz Teil von Bärlachs Plan war, diesen zu überführen. Als Tschanz später am Abend zu Gastmanns Haus zurückkehrt, sieht er, dass der tote Hund verschwunden ist – nichts Ungewöhnliches, er (bzw. der Leser) muss davon ausgehen, dass er von Gastmanns Mitarbeitern beseitigt wurde. Am Ende des Romans stellt sich dann heraus, dass Bärlach sich in den Besitz des Hundes gebracht hat, um an die Revolverkugel zu kommen. Da diese, wie er bereits angenommen hatte, aus derselben Waffe stammt, mit der auch Schmied getötet wurde, hat Tschanz selbst dem Kommissar ein wichtiges Beweisstück für seine Schuld geliefert. Für den Leser rückt damit ein weiteres Mosaiksteinchen an seinen Platz.
Auf der Ebene der Figurenzeichnung vermittelt die Textstelle ebenfalls einige Einblicke. Wie bereits angedeutet, bestätigt Tschanz in dieser Szene das Bild, das sich der Leser schon vorher von ihm gemacht hat. Er ist ehrgeizig und erfolgsorientiert, denkt und handelt schnell, zeigt Unbehagen erst, als er den toten Hund genauer anschaut und dessen Gefährlichkeit einschätzen kann. Auch richtet er einen versteckten Vorwurf an seinen Vorgesetzten Bärlach, wenn er diesen fragt, ob er denn nie eine Waffe trage.

Interessanter ist in diesem Zusammenhang der Blick auf Bärlachs Verhalten und Reaktionen. Obwohl er – wie sich kurz darauf herausstellt – von der Anwesenheit des Hundes wusste, ist er – als er diesem dann gegenübersteht – völlig regungslos, wohl weil er sich diese „Bestie von einer so grauenerregenden Art" (33) doch nicht hat vorstellen können. Die Wendungen ‚starr vor Schreck' oder ‚aus Angst wie gelähmt' treffen auf den Kommissar aber nur kurz zu. Die Wiedergabe seiner Gedanken vermittelt vielmehr den Eindruck einer ungeheuren Faszination, die vom Anblick des Tieres ausgeht. Er gerät nicht in Panik, sondern analysiert sogar seine eigenen Gedanken: „Er sah nach dem Tier, unerschrocken, aber gebannt. So hatte ihn das Böse immer wieder in seinen Bann gezogen, das große Rätsel, das zu lösen ihn immer wieder aufs neue verlockte." (Ebd.)
Die Attacke des Hundes erscheint als symbolisch für den Kampf mit dem Bösen, eine Konstante im Leben des Kommissars. Und auch als der Kampf für Bärlach fast tödlich zu enden scheint und er sich kaum mehr wehren kann, zeigt er nicht die erwartbare, sondern eher eine ungewöhnliche Reaktion; er akzeptiert die Situation und gibt „keinen Laut von sich und keinen Schrei des Schreckens, so sehr schien ihm alles natürlich und in die Gesetze dieser Welt eingeordnet" (ebd.). Dies könnte man einerseits so sehen, dass Bärlach sich seines Planes sehr sicher ist und damit rechnet, es sogar darauf anlegt, dass Tschanz agiert. Zur Not hätte der Kommissar ja den Revolver in der Tasche. In einem weiteren Sinn ist auch auf Bärlachs Weltbild zu schließen, in dem das Böse immer wieder eine Herausforderung darstellt, der er sich wie zwanghaft stellen muss.

4. Nächtlicher Überfall

Textgrundlage

Friedrich Dürrenmatt, *Der Richter und sein Henker*, S. 92 („Bärlach stand in vollkommener Dunkelheit") bis S. 95 (Ende des sechzehnten Kapitels)

Aufgabenstellung

1. Ordnet den Ausschnitt in den Zusammenhang des Romans ein und fasst den Inhalt zusammen.
2. Geht auf die Darstellung und ihre Wirkung ein.
3. Charakterisiert Kommissar Bärlach in dieser Szene.

Lösungsvorschlag

Zu 4.1
Der Ausschnitt ist Teil des sechzehnten Kapitels. Nach dem Besuch bei dem Schriftsteller und Tschanz' Zornesausbruch über Bärlachs Untätigkeit und die Verhinderungstaktik von Dr. Lutz kündigt Bärlach ihm an, dass er eine Woche Krankenurlaub in Grindelwald nehmen werde. Der Besuch bei seinem Arzt Dr. Hungertobel bestätigt ihm die Diagnose, dass er nur noch ein Jahr zu leben habe – und das auch nur, wenn er so schnell wie möglich operiert werde. Bärlach verspricht, sich in drei Tagen operieren zu lassen.
In derselben Nacht wacht Bärlach, auf dem Sofa in der Bibliothek liegend, gegen zwei Uhr auf, weil er ein Geräusch vernommen hat. Schnell erkennt er, dass sich jemand ins Haus geschlichen hat; der Eindringling führt einen Kurzschluss herbei, so dass die gesamte Wohnung im Dunkeln liegt. Bärlach hat seinen Revolver gezückt, ihm ist klar, dass es einen Kampf auf Leben und Tod geben wird. Er zieht sich in sein Schlafzimmer zurück, wo er durch zwei Fenster ein wenig Licht hat. Durch die Tür zur Bibliothek kann er beobachten, wie der Eindringling im Schein einer Taschenlampe nach Bärlachs Schlangenmesser greift. Doch bevor Bärlach schießen kann, erlischt die Taschenlampe. Dann nähert sich der Unbekannte nicht, wie von Bärlach erwartet, durch die Bibliothek, sondern er betritt das Schlafzimmer durch das angrenzende Esszimmer. Gedankenschnell zerschießt Bärlach eine Fensterscheibe, was die Aufmerksamkeit der Nachbarn erregt. Gleichzeitig lässt er sich fallen und weicht so dem Schlangenmesser aus, das der Unbekannte in seine Richtung geworfen hat. Bärlachs Manöver führt schließlich dazu, dass der Eindringling flieht.

Zu 4.2

Die Handlung wird sozusagen in Echtzeit erzählt; größtenteils erscheint die Zeit sogar gedehnt, da die Schilderung der äußeren Handlung immer wieder durch Einschübe der Gedanken und Gefühle Bärlachs ergänzt wird. Dabei fällt auf, dass der Leser – anders als sonst in diesem Roman – ganz eng an die subjektive Perspektive des Kommissars geführt wird; es wirkt fast so, als stünde er (der Leser) hinter Bärlach und sehe alles mit dessen Augen. Minutiös wird jeder einzelne Schritt der beiden Kontrahenten dargestellt, wobei der Leser durch die Schilderung der Gedanken Bärlachs dessen Plan erfährt, den Eindringling zu überwinden. Dieser Eindringling und sein Plan bleiben dagegen für den Leser – wie für Bärlach – unbekannt, so dass die Spannung steigt, ob Bärlach erfolgreich sein wird. Eine weitere Steigerung der Spannung erzielt der Erzähler dann dadurch, dass der Eindringling zweimal Bärlachs Vorhaben durchkreuzt: Zunächst löscht er die Taschenlampe, bevor der Kommissar schießen kann. Dann dringt er nicht, wie von Bärlach erwartet, durch die offene Tür der Bibliothek in das Schlafzimmer ein, sondern auf einem Umweg und fast unbemerkt durch die Esszimmertür. Dadurch spitzt sich die Situation für Bärlach zu, der nun schnell auf die neue Situation reagieren und sich einen neuen Schritt überlegen muss. Das Gefühl, in die Enge getrieben worden zu sein und rasch nach irgendeinem Ausweg suchen zu müssen, überträgt sich durch die subjektive Perspektive auf den Leser.
Wie bereits erwähnt, erfährt der Leser nicht nur jeden Handlungsschritt, sondern kann auch immer wieder in das Innere Bärlachs schauen und dessen Gedanken, Eindrücke und Gefühle nachvollziehen. Diese Szene ist somit die einzige im vorliegenden Roman, in der die sonst geschaffene Distanz des Lesers zur Hauptfigur nahezu aufgehoben wird. Wieder, wie schon an früheren Stellen des Romans, werden Eindrücke von der äußeren Umgebung vermittelt: „Er [Bärlach] sah von seinem Platz aus durch das Fenster, ahnte die schwarze Masse des unaufhörlich fließenden Flusses, die aufgetürmte Stadt jenseits, die Kathedrale, wie ein Pfeil in den Himmel stechend, und darüber die treibenden Wolken." (93 f.) Die Wortwahl unterstreicht hier die Bedrohlichkeit der Situation. Gleichzeitig zeigt dieser Einschub, dass die Sinne des Kommissars auf das Äußerste geschärft sind; er nimmt jede noch so nebensächlich scheinende Einzelheit wahr: „Leise hörte er von ferne das Ticken der Uhr. Irgendwo hupte ein Automobil, dann fuhr es vorüber. Leute von einer Bar." (94) Er ist vollkommen auf seine sinnliche Wahrnehmung fixiert, seine Anspannung überträgt sich auf den Leser: „Er war nur noch ein Auge, das die Nacht durchforschte, nur noch ein Ohr, das den kleinsten Laut überprüfte, nur noch eine Hand, die sich um das kühle Metall der Waffe schloß." (Ebd.) Die Situation ist nun im wahrsten Sinne des Wortes so zugespitzt, dass in der Erwartung des Lesers die Auflösung unmittelbar bevorstehen muss.

Zu 4.3

Die Darstellungsweise erlaubt dem Leser an dieser Stelle einen überraschenden Einblick in Bärlachs Charakter. Da es nicht ungewöhnlich ist, als Polizist (zumal mit internationalen Erfahrungen) in solch gefährliche Situationen zu kommen, wirkt das Vorgehen des Kommissars (Greifen nach der Waffe, Aufsuchen einer sicheren Position, Bereitschaft zu schießen) nachvollziehbar. Erstaunlicher ist eher die für den Leser offengelegte innere Entwicklung Bärlachs. Dass dieser sein Licht öfter unter den Scheffel stellt, sich als alt und krank bezeichnet, ist einerseits der gesundheitlichen Realität und andererseits seiner Taktik geschuldet, von anderen unterschätzt zu werden. Auch hat Bärlach bis jetzt den Eindruck erweckt, sich der Konsequenzen seiner schweren Krankheit vollkommen bewusst zu sein und diese akzeptiert zu haben.
In der dargestellten Szene allerdings zeigt der Kommissar einen ungeheuren (Über-)Lebenswillen. Zwar hat er Angst (kalter Schweiß rinnt über seinen Nacken, vgl. 94), aber gleichzeitig vermag er rational zu handeln, er ist nicht gelähmt. Das völlige Ausschalten seiner ganz persönlichen Realität ermöglicht die absolute Konzentration auf den entscheidenden Augenblick: „Er dachte an nichts mehr, nicht an Gastmann, nicht mehr an Lutz, auch nicht mehr an die Krankheit, die an seinem Leibe fraß, Stunde um Stunde, im Begriff, das Leben zu zerstören, das er nun verteidigte, voll Gier zu leben und nur zu leben." (Ebd.) Er will diesen Kampf gewinnen, die Endgültigkeit seines bevorstehenden Endes hinausschieben: „Bärlach wußte nun, daß er den Kampf beginnen, daß er zuerst handeln mußte, er, der alte, todkranke Mann, den Kampf um ein Leben, das noch ein Jahr dauern konnte, wenn alles gut ging, wenn Hungertobel gut und richtig schnitt." (94 f.) Im Lichte des gesamten Romans ist davon auszugehen, dass die größte Motivation Bärlachs, den Kampf zu gewinnen und sein Leben zu verlängern, wohl sein jahrzehntelanger Kampf mit Gastmann ist. Immerhin steht sein Plan, den Verbrecher und langjährigen Feind zur Strecke zu bringen, kurz vor der Vollendung – ja, selbst dieser nächtliche Überfall (durch Tschanz, wie sich für den Leser später herausstellt) ist ein Teil von Bärlachs Plan.

5. Im Spiegel der Kritik

Textvorlage

Rezension zur Erstausgabe des Romans aus *Luzerner Neueste Nachrichten*, 12. 1. 1953. In: „Anhang" zu: Friedrich Dürrenmatt, *Der Richter und sein Henker*, S. 127 f.

Aufgabenstellung

1. Verfasst eine Gliederung der Rezension.
2. Erläutert die Einstellung des Kritikers zu Dürrenmatts Kriminalroman und geht dabei auch auf den Stil der Rezension ein.
3. Nehmt Stellung zur Meinung des Kritikers, indem ihr auch eure eigene Interpretation des Romans einbezieht.

Lösungsvorschlag

Zu 5.1
In der Einleitung geht der Kritiker – nachdem er den Anlass seiner Rezension vorgestellt hat – auf die Ankündigung des Verlags ein, der Leser könne einen Kriminalroman in der klassischen Tradition großer Schriftsteller erwarten. Danach erfolgt eine erste Einschätzung. Der Rezensent fasst knapp die wichtigsten inhaltlichen Punkte zusammen, ohne das Ende zu verraten. Daran schließt sich seine Bewertung an, die sich sowohl auf inhaltliche Aspekte wie Motiv, Gesellschaftskritik oder Wahl der Umgebung als auch auf Dürrenmatts Fähigkeit, die Regeln des Detektivromans zu befolgen, bezieht.

Zu 5.2
Inhaltlich wie stilistisch macht der Kritiker schnell deutlich, dass er *Der Richter und sein Henker* für ein eher nebensächliches, um nicht zu sagen minderwertiges Produkt in Dürrenmatts Schaffen hält: „Der Dramatiker Friedrich Dürrenmatt ist unter die Kriminalschriftsteller gegangen." (127) Die seiner Meinung nach wohl übertriebenen Hinweise des Verlags auf dem Buchumschlag, die Dürrenmatts Roman in eine berühmte Tradition stellen und auf diese Weise aufwerten, zitiert er teils indirekt, teils direkt („daß Dürrenmatt [...] einen ‚literarisch wertvollen Kriminalroman' habe schreiben wollen", 127 f.). Damit schafft er die Folie für seine nun folgende ironische Distanzierung: „Wenn man das Buch daraufhin liest, denkt man im stillen, es unterscheide sich eigentlich nicht stark von anderen Kriminalgeschichten" (128). Diesem Satz kann man auch entnehmen, dass der Rezensent generell nicht allzu viel von Kriminal- bzw. Detektivromanen hält, die für ihn nach ganz

bestimmten Mustern gestaltet sind. Immerhin gibt er als kleine Besonderheit bei Dürrenmatt zu, „daß der erfolgreiche Detektiv diesmal kein gesunder Draufgänger, sondern ein alter und kranker Mann ist“ (ebd.), ohne zu hinterfragen, warum das wohl so sein könnte.
Der Hauptkritikpunkt liegt aber für den Rezensenten in der Unglaubwürdigkeit des die gesamte Handlung konstituierenden Motivs, nämlich des lebenslangen Kampfes zwischen Bärlach und Gastmann. Dabei vernachlässigt er völlig jeden möglichen philosophischen bzw. psychologischen Gehalt des Romans. Das Wichtigere scheint für ihn zu sein, ob die Regeln zur spannenden Gestaltung der Handlung eingehalten werden, was er Dürrenmatt durchaus zugesteht: Dieser lasse die Handlung „konsequent abrollen“ (ebd.), was reichlich mechanisch klingt, hier aber wohl sogar als Ansatz eines Lobes verstanden werden soll. Zudem geht er immerhin auch auf die in Dürrenmatts Roman ja durchaus vorhandene Gesellschaftskritik ein, wobei er dem Autor dafür nur ganz persönliche Motive unterstellt: „[...] nicht ohne nebenbei verschiedene Abneigungen gegen Politiker, Banausen, Beamte usw. mit spitzen Bemerkungen abzureagieren.“ (Ebd.) In der Tatsache, dass der Roman in einer eher ländlichen Schweizer Umgebung spielt, kann der Kritiker nur ein Mittel sehen, den Reiz „für manche Leser“ (ebd.), vermutlich Schweizer, zu erhöhen. Insgesamt wirkt die knappe Rezension oberflächlich, arbeitet zwar Kritikpunkte heraus, aber ohne diese näher zu erläutern. Der recht saloppe, teils ironische Stil deutet darauf hin, dass der Rezensent sich möglicherweise nicht besonders intensiv mit dem Roman beschäftigt hat; dies liegt vielleicht auch daran, dass er generell von der literarischen Form des Kriminal- bzw. Detektivromans nicht viel erwartet, sondern mit ihr eher die Vorstellung von Erbauungs- bzw. Unterhaltungslektüre verbindet.

Zu 5.3

Es sind individuell verschiedene Stellungnahmen möglich, die von ganz unterschiedlichen Faktoren abhängig sind, natürlich zunächst vom eigenen Gefallen oder Missfallen. Wichtig ist aber auch, welche Schwerpunkte bei der Interpretation des Romans gesetzt wurden: Ging es hauptsächlich um das Verhältnis des Werks zu traditionellen Detektivromanen oder um den weltanschaulichen Gehalt? Erfolgte eine Einordnung in andere Werke und Themen Dürrenmatts oder sollte die Bedeutung für den gesellschaftspolitischen bzw. zeitgeschichtlichen Hintergrund betrachtet werden? Oder mehrere bzw. alle diese Aspekte zusammen?
Denkbar sind also unterschiedliche Bewertungen der Rezension auf der Grundlage der eigenen Interpretation, z. B.:

- Der Kritiker hat insofern recht, als das alles dominierende Motiv für die Handlung, der Inhalt der vor vierzig Jahren abgeschlossenen Wette, zu abstrakt und zu unwahrscheinlich ist, um jede weitere Handlung der beiden Akteure Bärlach und Gastmann zu erklären.

- Der Kritiker geht nicht auf wichtige Aspekte des Romans wie die Frage nach Recht und Gerechtigkeit, Schuld und Strafe ein. Diese Themen werden in Dürrenmatts Roman ganz anders behandelt als in den bekannten Detektivromanen seiner Zeit.
- In der Rezension fehlt ein Hinweis auf die Figur des Tschanz, der ja immerhin ein wichtiger Faktor der Handlung bzw. am Ende eine entscheidende Figur in Bärlachs Spiel ist. Der Titel, *Der Richter und sein Henker*, ist ohne ihn nicht erklärbar.
- Was die Handlung des Romans angeht, so widerspricht diese in einigen Punkten der ‚konsequent abrollenden' Handlung in herkömmlichen Detektivromanen, da an entscheidenden Punkten nicht die Genialität des Detektivs, sondern der Zufall für die Weiterentwicklung zuständig ist.
- Die Hauptfigur Bärlach entpuppt sich als ambivalenter Charakter; die herkömmliche Konstellation, Detektiv oder Polizist als das Gute kämpft gegen den Verbrecher als das Böse, wird demontiert.
- Der Rezensent geht nicht auf die Charakterisierung der Figuren ein; die eher flache Darstellung Gastmanns, der zu sehr wie die Umsetzung eines Konzepts, einer Idee wirkt, kann als Schwachpunkt des Romans gesehen werden.

6. Bertolt Brecht über den Kriminalroman

Textgrundlage

Bertolt Brecht, „Über die Popularität des Kriminalromans“, in: B.B., *Gesammelte Werke*. Bd. 19: *Schriften zur Literatur und Kunst 2*. Frankfurt a. M.: Suhrkamp 1968, S. 450–457, hier S. 450–452.

Zur Erläuterung: Brechts Aufsatz, der vermutlich zwischen 1938 und 1939 entstand, beginnt mit dem Satz: „Ohne Zweifel trägt der Kriminalroman alle Merkmale eines blühenden Literaturzweiges zur Schau.“ Im Folgenden beschäftigt er sich, ausgehend vom klassischen englischen Detektivroman, mit wichtigen Strukturmerkmalen der Gattung und versucht so, die Attraktivität für ein breites Lesepublikum zu erklären.

Der Kriminalroman handelt vom logischen Denken und verlangt vom Leser logisches Denken. Er steht dem Kreuzworträtsel nahe, was das betrifft.
Dementsprechend hat er ein Schema und zeigt seine Kraft in der Variation. Kein Kriminalromanschreiber wird die leisesten Skrupel fühlen, wenn er einen Mord im Bibliothekszimmer eines lordlichen Landsitzes vorgehen läßt, obwohl das höchst unoriginell ist. Die Charaktere werden selten gewechselt, und Motive für den Mord gibt es ganz wenige. Weder in die Kreierung neuer Charaktere noch in der Aufstöberung neuer Motive für die Tat investiert der gute Kriminalromanschreiber viel Talent oder Nachdenken. Es kommt nicht darauf an. Wer, zur Kenntnis nehmend, daß ein Zehntel aller Morde in einem Pfarrhof passieren, ausruft: „Immer dasselbe!“, der hat den Kriminalroman nicht verstanden. Er könnte ebensogut im Theater schon beim Aufgehen des Vorhangs ausrufen: „Immer dasselbe!“ Die Originalität liegt in anderem. Die Tatsache, daß ein Charakteristikum des Kriminalromans in der Variation mehr oder weniger festgelegter Elemente liegt, verleiht dem ganzen Genre sogar das ästhetische Niveau. Es ist eines der Merkmale eines kultivierten Literaturzweigs.
[…]
Der gute englische Kriminalroman ist vor allem fair. Er zeigt moralische Stärke. To play the game ist Ehrensache. Der Leser wird nicht getäuscht, alles Material wird ihm unterbreitet, bevor der Detektiv das Rätsel löst. Er wird instand gesetzt, die Lösung selber in Angriff zu nehmen.
Es ist erstaunlich, wie sehr das Grundschema des guten Kriminalromans an die Arbeitsweise unserer Physiker erinnert. Zuerst werden gewisse Fakten notiert. Da ist ein Leichnam. Die Uhr ist zerbrochen und zeigt auf 2 Uhr. Die Haushälterin hat eine gesunde Tante. Der Himmel war in dieser Nacht bewölkt. Und so weiter und so weiter. Dann werden Arbeitshypothesen aufgestellt, welche die Fakten decken können. Durch den Hinzutritt neuer Fakten oder die Entwertung bereits notierter Fakten entsteht der Zwang, eine neue Arbeitshypothese zu suchen. Am Ende kommt der Test der Arbeitshypothese: das Experiment. Wenn die These richtig ist, dann muß der Mörder auf Grund einer bestimmten Maßnahme dann und dann da und da erscheinen. Entscheidend ist, daß nicht die Handlungen aus den Charakteren, sondern die Charaktere aus den Handlungen entwickelt werden. Man sieht die Leute agieren, in Bruchstücken.

Ihre Motive sind im dunkeln und müssen logisch erschlossen werden. Als ausschlaggebend für ihre Handlungen werden ihre Interessen angenommen, und zwar beinahe ausschließlich ihre materiellen Interessen. Nach ihnen wird gesucht.
Man sieht die Annäherung an den wissenschaftlichen Standpunkt und den enormen Abstand zum introspektiv psychologischen Roman.

Aufgabenstellung

1. Erläutert die nach Brecht wichtigsten Merkmale eines Kriminalromans und erschließt seine Begründung der Popularität dieses „blühenden Literaturzweiges".
2. Erörtert, ob bzw. inwieweit Dürrenmatts Roman *Der Richter und sein Henker* Brechts Vorstellung von einem Kriminalroman entspricht.

Lösungsvorschlag

Zu 6.1
In seinen Ausführungen über den Kriminalroman bezieht sich Bertolt Brecht auf die Form des klassischen englischen Detektivromans im Stile eines Arthur Conan Doyle, einer Agatha Christie oder Dorothy Sayers, obwohl er ihn nicht so nennt, da diese theoretische Unterscheidung damals nicht geläufig war. Für Brecht hat dieser Literaturzweig, den er nicht nur als „blühend" und „kultiviert" bezeichnet, sondern dem er auch „ästhetisches Niveau" zubilligt, ein festgelegtes Schema. Der Kriminalroman fordert den Intellekt des Lesers, sein logisches Denken, da er selbst logisch aufgebaut ist; Brecht vergleicht ihn mit einem „Kreuzworträtsel". Der Reiz für den Leser liegt somit wohl in einer Art Ratespiel, also hauptsächlich in dem intellektuellen Vergnügen, das die Lösung des Rätsels bereitet.
Des Weiteren führt Brecht aus, dass der Kriminalroman neben jenem festgelegten Schema, das die Handlungsorte, Figurenzeichnung und Motive betrifft (all diese Elemente sind eng begrenzt), dem einzelnen Kriminalautor Möglichkeiten zur Variation bietet. Diese Variationen werden aber immer in Bezug gesetzt zum bekannten Schema, so dass nur dadurch die individuelle Qualität entsteht. Für den Leser bedeutet das, dass er die Originalität und ästhetische Qualität eines Kriminalromans nur dann richtig erschließen kann, wenn er mit dem grundlegenden Schema vertraut ist, dieses akzeptiert und nicht etwa als langweilig oder überstrapaziert abtut („Immer dasselbe!").
Ein weiterer wichtiger Aspekt ist für Brecht das *fair play* im Kriminalroman. Dem Leser wird alles an Information zur Verfügung gestellt, was der Detektiv auch kennt – er kann und soll also an der Lösung mitarbeiten, eventuell sogar dem Detektiv voraus sein. Auf keinen Fall aber wird er in die Irre geführt oder hilflos auf halber Handlungsstrecke zurückgelassen: „To play the game ist Ehrensache. Der Leser wird nicht getäuscht […]." Der Leser kann dem Krimi-

autor trauen und sich mit dem Detektiv – oder zumindest dessen Aufgabe – identifizieren.
Schließlich erläutert Brecht noch ausführlich, wie sehr die Vorgehensweise im Kriminalroman einer wissenschaftlichen Methode gleicht: Es gibt Fakten, die zu einer Hypothese führen; diese muss eventuell aufgrund neuer Fakten revidiert und neu formuliert werden. Der Praxistest ist dann ein „Experiment", vergleichbar wohl mit einer Falle, die der Detektiv dem Verbrecher stellt und die schließlich zur Überführung, das heißt zur Verifizierung der Hypothese führen soll. Wichtig ist in diesem Zusammenhang auch, dass es nach Brechts Meinung weniger auf die Charaktere und ihre jeweiligen Motive (die ja sowieso begrenzt sind) ankommt, sondern viel mehr auf die einzelnen Handlungen. Dies wird sicherlich auch dadurch bestätigt, dass die Figuren in jenen klassischen Detektivromanen nur selten im Sinne eines *round character* ausgestaltet, sondern fast immer typisiert sind – sie sind eben ‚nur' Handlungsträger.
Dadurch, dass Brecht den Kriminalroman eng mit wissenschaftlicher Vorgehensweise assoziiert, könnte indirekt auch ein weiterer Grund für die Popularität dieser literarischen Form angesprochen sein: Es erscheint menschenmöglich, mit gewisser intellektueller Anstrengung ein Rätsel zu lösen, eine Annahme zu beweisen, zu einer Erkenntnis zu kommen. In einer Zeit, in der die Welt immer unübersichtlicher, chaotischer, auch bedrohlicher wirkt, sicherlich eine tröstende Erfahrung.

Zu 6.2
Dürrenmatts Roman widerspricht Brechts Vorstellungen vom Kriminalroman in fast allen Punkten, was natürlich auch an der spezifischen Weltanschauung des Schweizer Autors liegt. Zwar folgt er im Aufbau dem Grundschema: Verbrechen – Tätersuche – Überführung, Lösung des Falls; im Detail gibt es aber gravierende Abweichungen. So hat Dürrenmatt durchaus ungewöhnliche Handlungsorte gewählt und auch den Handlungsverlauf geändert: Die scheinbare Lösung des Verbrechens ist gar keine, sie ist eigentlich ein zweites Verbrechen und beide werden erst ganz am Ende gelöst. Diese Punkte könnte man allerdings noch als die von Brecht durchaus vorgesehenen individuellen Variationen eines Schemas ansehen, die wiederum Originalität erzeugen.
Schwerwiegender ist die Entwicklung der Detektivfigur (die hier ja ein Polizist ist). Hier kann von *fair play* keine Rede mehr sein. Fast durchgängig wird dem Leser durch Kommissar Bärlach jeglicher Ansatz zur Lösung des Falls vorenthalten bzw. er wird in die Irre geführt. Dies geschieht im klassischen Detektivroman zwar auch, jedoch schlägt der Leser mit dem Detektiv zusammen manchmal einen falschen Weg ein, um dann – wiederum gemeinsam – irgendwann auf den richtigen zurückzufinden und auf die Lösung zuzusteuern. Wichtig ist also das Vertrauen, das der Leser in den Detektiv haben kann.

Das ist bei Dürrenmatt nicht der Fall. An keiner Stelle erhält der Leser Einblick in Bärlachs Erkenntnisse, was umso ärgerlicher ist, da dieser ganz offensichtlich schon einen Verdacht und auch einen Plan hat. Nur dem allerversiertesten Krimileser wird daher eine eigenständige Lösung des Falls ermöglicht.
Eine weitere wichtige Abweichung ist Dürrenmatts Grundüberzeugung von der Unmöglichkeit, einen Vorfall (allgemeiner formuliert, die Welt) wissenschaftlich und befriedigend zu durchschauen sowie menschliche Handlungen bis ins Letzte erfolgreich zu planen bzw. vorherzusagen. Der für Dürrenmatt so wichtige und entscheidende Zufall ist nach Brecht im Kriminalroman nicht vorgesehen, er würde die Berechenbarkeit der Handlung unmöglich machen und den Leser nicht nur des Vergnügens, sondern auch des (heimlichen) Wunsches berauben, dass ‚die Welt wieder in Ordnung gebracht' sein möge.

7. Was ist Gerechtigkeit?

Textgrundlage

Friedrich Dürrenmatt, „Die erste Geschichte“, aus: „Monstervortrag über Gerechtigkeit und Recht, nebst einem helvetischen Zwischenspiel“ (1969), in: F. D., *Gesammelte Werke*. Bd. 7: *Essays und Gedichte*, Zürich: Diogenes 1991, S. 621–623.

Der Prophet Mohammed sitzt in einer einsamen Gegend auf einem Hügel. Am Fuße des Hügels befindet sich eine Quelle. Ein Reiter kommt. Während der Reiter sein Pferd tränkt, fällt ihm ein Geldbeutel aus dem Sattel. Der Reiter entfernt sich, ohne den Verlust des Geldbeutels zu bemerken. Ein zweiter Reiter kommt, findet den Geldbeutel und reitet damit davon. Ein dritter Reiter kommt und tränkt sein Pferd an der Quelle. Der erste Reiter hat inzwischen den Verlust des Geldbeutels bemerkt und kehrt zurück. Er glaubt, der dritte Reiter habe ihm das Geld gestohlen, es kommt zum Streit. Der erste Reiter tötet den dritten Reiter, stutzt, wie er keinen Geldbeutel findet, und macht sich aus dem Staube. Der Prophet auf dem Hügel ist verzweifelt. „Allah“, ruft er aus, „die Welt ist ungerecht. Ein Dieb kommt ungestraft davon, und ein Unschuldiger wird erschlagen!“ Allah, sonst schweigend, antwortet: „Du Narr! Was verstehst du von Gerechtigkeit! Der erste Reiter hatte das Geld, das er verlor, dem Vater des zweiten Reiters gestohlen. Der zweite Reiter nahm zu sich, was ihm schon gehörte. Der dritte Reiter hatte die Frau des ersten Reiters vergewaltigt. Der erste Reiter, indem er den dritten Reiter erschlug, rächte seine Frau.“ Dann schweigt Allah wieder. Der Prophet, nachdem er die Stimme Allahs vernommen hat, lobt dessen Gerechtigkeit.

[…]

Der Beobachter unserer Geschichte ist ein Prophet, und was er beobachtet, ist ein ungerechter Vorfall. Es braucht jedoch eine bestimmte unmenschliche Härte dazu, nichts als Beobachter sein zu wollen, schon ein leichter Anflug von Menschlichkeit hätte den Propheten verleitet, dem ersten Reiter zuzurufen, er habe seinen Geldbeutel verloren, dann hätte der zweite Reiter nicht gestohlen, und der dritte Reiter wäre am Leben geblieben; damit wäre aber auch die Weltgerechtigkeitsmaschinerie einen Moment lang verlegen zum Stillstand gekommen, ihre Demonstration durch Allah wäre durch eine uns allen einleuchtende kleine menschliche Geste verhindert worden, mit einem Gran Menschlichkeit hätten wir Tonnen an göttlicher Erhabenheit eingebüßt.

Aufgabenstellung

1. Fasst den Text zusammen und berücksichtigt dabei dessen Aufbau. Arbeitet heraus, was unter Gerechtigkeit verstanden wird.
2. Erläutert, was Gerechtigkeit im Roman *Der Richter und sein Henker* bedeutet, und vergleicht dies mit dem obigen Text.

Lösungsvorschlag

Zu 7.1

Dürrenmatts Text ist in zwei Abschnitte eingeteilt. Im ersten Absatz wird eine Geschichte, die ebenfalls in zwei Teile gegliedert ist, erzählt. Inhalt des ersten Teils dieser Geschichte ist, wie der Prophet Mohammed einen merkwürdigen und auf den ersten Blick ungerechten Vorfall beobachtet: Ein Reiter verliert, ohne es zu merken, an einer Quelle seinen Geldbeutel. Der nächste Reiter, der an die Quelle gelangt, findet die Geldbörse und nimmt sie mit. In der Zwischenzeit hat der erste Reiter seinen Schaden bemerkt. Er reitet zurück, sieht in einem nun an der Quelle befindlichen dritten Reiter den vermeintlichen Dieb und erschlägt ihn nach einem Streit. Im zweiten Teil dieser Geschichte wird dargelegt, wie Mohammed mit seinem Gott Allah wegen der scheinbaren Ungerechtigkeit der Welt zürnt – ein Unschuldiger sei erschlagen, ein Dieb nicht bestraft worden. Allah entgegnet ihm jedoch, dass der erste Reiter das Geld dem Vater des zweiten Reiters gestohlen habe und der dritte die Frau des ersten vergewaltigt habe. So habe der erste Reiter durch den Mord an dem dritten die Gewalt an seiner Frau vergolten. Mohammed preist nun Allahs Gerechtigkeitssinn.
Im zweiten Abschnitt wird im Anschluss an diese konkrete Geschichte über das Wesen der Gerechtigkeit reflektiert. Dabei werden verschiedene Dilemmata und Paradoxa aufgeführt: 1) Der Prophet als lediglich kühler Beobachter ist eigentlich unmenschlich hart. 2) Hätte er jedoch menschlich gehandelt und den ersten Reiter auf seinen Verlust hingewiesen, hätte die göttliche Gerechtigkeit nicht greifen können. Letztlich bleibt offen, was hier unter „Gerechtigkeit“ verstanden wird. Zum einen gibt es eine Gerechtigkeit aus menschlichen Motiven, die aber auch der Begrenzung in der menschlichen Erkenntnis unterliegt; zum anderen gibt es vielleicht eine göttliche Gerechtigkeit, die sich wiederum dem Menschen nicht oder nur in Ausnahmefällen wie hier beim Gespräch zwischen Allah und Mohammed erschließt. Vermutlich zweifelt Dürrenmatt an einer solchen dem Menschen übergeordneten Gerechtigkeit, ironische Wendungen wie „Gerechtigkeitsmaschinerie“, „Tonnen an göttlicher Erhabenheit“ deuten darauf hin. Das hieße, dass es keine absolute Gerechtigkeit geben kann.

Zu 7.2

Im Allgemeinen beruht die Attraktivität von Kriminal- bzw. Detektivromanen auf der Tatsache, dass der Leser im Detektiv das personifizierte Streben nach bzw. die gelungene Durchsetzung von Gerechtigkeit sieht. Ist die Hauptfigur auch noch Polizist, hat sie zusätzlich die Aufgabe, im Sinne des positiven, das heißt von Menschen gemachten Rechts zu agieren. Dieses orientiert sich zwar nach allgemeinen moralischen und ethischen Vorstellungen von Gerechtigkeit in der menschlichen Gesellschaft, muss aber nicht unbedingt

immer mit jedem einzelnen Gerechtigkeitsbegriff in Einklang zu bringen sein. Im Zweifelsfall hat das individuelle Gerechtigkeitsempfinden des Lesers (oder Zuschauers) von Kriminalgeschichten ein größeres Gewicht als das objektivierte Recht. So kann es durchaus vorkommen, dass ein Detektiv (oder auch Polizist) einen überführten Verbrecher am Ende nicht den Institutionen ausliefert, weil dieser 1) schon genug für seine Tat gesühnt hat oder 2) aus menschlich nachvollziehbaren und verständlichen Gründen das Recht gebrochen hat. So umgeht der Detektiv, stellvertretend für den Leser, das institutionalisierte Recht zugunsten eines individualisierten Gerechtigkeitsbegriffs.
Im Falle von Dürrenmatts Kriminalroman *Der Richter und sein Henker* zeigt sich sehr schnell, dass Repräsentanten des Rechtssystems wie Dr. Lutz und Anwalt von Schwendi unfähig und korrumpierbar sind; ein auf ethischen oder moralischen Prinzipien basierender Gerechtigkeitsbegriff ist ihnen nicht eigen. Dem Leser bleibt also, wie üblich, die Konzentration auf die Hauptfigur, Kommissar Bärlach. Jedoch stellt sich im Laufe der Handlung nach und nach heraus, dass Bärlach von einem ganz persönlichen, nur aus den Konsequenzen der fatalen Wette mit Gastmann entstandenen Gerechtigkeitsgefühl getrieben wird. Anfangs konnte er die gnadenlose Verfolgung Gastmanns noch damit rechtfertigen, einen Großverbrecher der ‚gerechten' Strafe zuzuführen und damit – wie es ja seine Aufgabe ist – das Recht zu schützen. Doch je länger dieser Kampf und damit Bärlachs Erfolglosigkeit andauert und je hilfloser und unfähiger die Institutionen des Rechtssystems erscheinen, desto mehr stellt sich der Kommissar jenseits des Rechts und verfolgt fanatisch seine Vorstellung von Gerechtigkeit, die im Grunde aber nur eine Etikettierung seiner Selbstjustiz ist. Er will den Kampf gewinnen und endlich seinen Todfeind richten; dass er dies mit der Durchsetzung einer Art göttlichen Gerechtigkeit verbrämt („denn das muß nun einmal in Gottes Namen getan werden", 100), macht die Zweifelhaftigkeit seines Handelns nur noch deutlicher. Dem Leser wird es schwer fallen, diese Bärlachsche Gerechtigkeit zu akzeptieren, denn sie ist rein egoistisch motiviert und führt immerhin zu einem weiteren Verbrechen.
Verglichen mit dem obigen Text von Dürrenmatt lässt sich zwar im Roman auch die Frage nach der Art und der Entstehung von Gerechtigkeit finden, jedoch ist nicht das Thema, ob es eine absolute Gerechtigkeit (sei sie menschlich oder göttlich, über-menschlich geprägt) gibt, sondern der Autor hat die Figur eines einsamen Gerechtigkeitsfanatikers geschaffen, der diese Frage für sich längst beantwortet hat: Es ist seine eigene. Daher kann die Identifikation des Lesers mit der Detektivfigur in diesem Roman nicht funktionieren bzw. sie wird von vornherein erschwert, ja unmöglich gemacht.

8. Ein Schweizer Kollege

Textgrundlage

Friedrich Glauser, *Wachtmeister Studer*, Zürich: Diogenes 1989, S. 9–10.

Zur Erläuterung: Der Textauszug befindet sich im ersten Kapitel des 1936 erschienenen Kriminalromans von Friedrich Glauser. Vorausgegangen ist ein Selbstmordversuch des Untersuchungshäftlings Erwin Schlumpf, der von Wachtmeister Studer, der ihn zuvor verhaftet hatte, gerade noch rechtzeitig vereitelt werden kann. Schlumpf ist der Hauptverdächtige in einem Mordfall; eine ganze Reihe von schwerwiegenden Indizien sprechen gegen ihn.
Anmerkung zum Text: Krachen: mundartlich im Schweizerischen für „Schlucht", „kleines Dorf", „abgelegenes Dorf oder Tal".

Das war also der Schlumpf Erwin, den man heut morgen in einem Krachen des Oberaargaus verhaftet hatte. Schlumpf Erwin, angeklagt des Mordes an Witschi Wendelin, Kaufmann und Reisender in Gerzenstein.
Zufall, daß man zur rechten Zeit gekommen war! Vor einer Stunde etwa hatte man den Schlumpf ordnungsgemäß im Gefängnis eingeliefert, der Wärter mit dem dreifachen Kinn hatte unterschrieben - man konnte getrost den Zug nach Bern nehmen und die ganze Sache vergessen. Es war nicht die erste Verhaftung, die man vorgenommen hatte, es würde auch nicht die letzte sein. Warum hatte man das Bedürfnis verspürt den Schlumpf Erwin noch einmal zu besuchen?
Zufall?
Vielleicht ... Was ist schon Zufall? ... Es war nicht zu leugnen, daß man dem Schicksal des Schlumpf Erwin teilnahmsvoll gegenüberstand. Richtiger gesagt, daß man den Schlumpf Erwin liebgewonnen hatte ... Warum? ... Studer in der Zelle strich sich ein paar Male mit der flachen Hand über den Nacken. Warum? Weil man keinen Sohn gehabt hatte? Weil der Verhaftete auf der ganzen Reise seine Unschuld beteuert hatte? Nein. Unschuldig sind sie alle. Aber die Beteuerungen des Schlumpf Erwin hatten ehrlich geklungen. Obwohl ...
Obwohl der Fall eigentlich ganz klar lag. Den Kaufmann und Reisenden Wendelin Witschi hatte man am Mittwochmorgen mit einem Einschuß hinter dem rechten Ohr, auf dem Bauche liegend, in einem Walde in der Nähe von Gerzenstein aufgefunden. Die Taschen der Leiche waren leer ... Die Frau des Ermordeten hatte behauptet, ihr Mann habe dreihundert Franken bei sich getragen.
Und am Mittwochabend hatte Schlumpf im Gasthof zum „Bären" eine Hunderternote gewechselt ... Am Donnerstagmorgen wollte ihn der Landjäger verhaften, aber Schlumpf war geflohen.
So war es eben gekommen, daß der Polizeihauptmann am Donnerstagabend den Wachtmeister Studer in seinem Bureau aufgesucht hatte:
„Studer, du mußt an die frische Luft. Morgen früh gehst du den Schlumpf Erwin verhaften. Es wird dir gut tun. Du wirst zu dick..."
Es stimmte, leider ... Gewiß, sonst schickte man zu solchen Verhaftungen Gefreite. Es hatte den Fahnderwachtmeister getroffen ... Auch Zufall? ... Schicksal? ...

Genug, man war an den Schlumpf geraten, und man hatte ihn liebgewonnen. Eine Tatsache! Mit Tatsachen, auch wenn sie nur Gefühle betreffen, muß man sich abfinden.

Aufgabenstellung

1. Analysiert den Textauszug und geht dabei vor allem auf die Darstellung der Figur des Wachtmeisters Studer ein.
2. Vergleicht diesen Auszug mit der Darstellung des Kommissar Bärlach in Dürrenmatts *Der Richter und sein Henker*.

Lösungsvorschlag

Zu 8.1

Schon in diesem kurzen Ausschnitt aus *Wachtmeister Studer* gewinnt der Leser den Eindruck eines ungewöhnlichen Polizeibeamten. Er erfüllt seine Pflicht, nimmt den eigentlich für ihn als Fahnderwachtmeister unüblichen Auftrag seines Hauptmanns an, einen Mordverdächtigen zu verhaften, und überführt diesen pflichtgemäß ins Gefängnis. Aber sein Handeln erschöpft sich nicht in der reinen Pflichterfüllung, sondern aus einem ganz eigenen, inneren Antrieb heraus kehrt er noch einmal zu dem Gefangenen zurück – in diesem Fall zum Glück, da er so Schlumpfs Selbstmord verhindern kann. Das Auffälligste an dieser Szene ist die Fülle der Gedanken, die Studer sich aufgrund seiner Handlungsweise macht. Er zeigt ein hohes Maß an Selbstreflexion, wenn er nicht nur über die äußere Handlung, sondern vor allem auch über seine innere Motivation nachdenkt. Es scheint ihm wichtig zu sein, seine Sympathie für Schlumpf zu verstehen, wo dieser doch vom Standpunkt des polizeilichen Denkens als so gut wie überführter Krimineller zu betrachten ist. Dabei hinterfragt er nicht nur ganz persönliche Gründe (Sohnersatz), sondern auch nicht zu beeinflussende Aspekte wie Zufall und Schicksal. Interessant ist auch die Aussage Studers, dass er seine persönlichen Gefühle genauso ernst nimmt wie feststellbare Fakten: „Eine Tatsache! Mit Tatsachen, auch wenn sie nur Gefühle betreffen, muß man sich abfinden."

In der erzählerischen Darstellung wird dieser spezielle Charakterzug Studers dadurch deutlich, dass die Wiedergabe seiner Gedanken im Verhältnis zur äußeren Handlung einen viel größeren Raum einnimmt. Die Gedanken Studers werden ohne Einleitung wiedergegeben, lediglich durch das Pronomen „man" ein wenig verfremdet (wobei dies eine Eigenart in Glausers Erzählweise ist; „man" ist durchaus mit dem persönlichen „er" gleichzusetzen). Die Fragen, verkürzten Sätze sowie die Interpunktion verdeutlichen den inneren Frage- und Gedankenprozess Studers. Es hat den Anschein, als halte Studer einen inneren Dialog mit sich selbst.

Zu 8.2

Zwischen den Romanen von Glauser und Dürrenmatt gibt es ein paar äußerliche Gemeinsamkeiten: Sie spielen beide in der Schweiz, teils sogar in Bern; in beiden ist die Hauptfigur ein (im obigen kurzen Ausschnitt nur zu erahnen) älterer, eigenwilliger, nicht konform agierender Polizist. Ganz offensichtlich entsprechen beide Romane auch zunächst dem traditionellen Schema, indem es um die Aufklärung eines Mordes geht. Zudem spielt die Thematik des Zufalls in beiden Romanen eine Rolle

Jedoch gibt es auch bemerkenswerte Unterschiede. So wird der Leser bei Glauser ganz eng an die Figur Studers herangeführt, er erhält einen kompletten Einblick in dessen Gedankenwelt und kann diesen sehr viel besser kennenlernen und einschätzen als Kommissar Bärlach, zu dem bis auf eine einzige Szene (dem nächtlichen Überfall) der Leser immer auf Distanz bleibt. Zudem folgt der Leser dadurch auch Schritt für Schritt Studers Handlungs- und Vorgehensweise sowie deren Motivation, während er von Bärlach nicht ‚mitgenommen', am Ende sogar ge- und enttäuscht wird. Während man annehmen kann, dass dem Leser eine Identifikation mit dem zweifelnden und sich fragenden Wachtmeister leicht fallen und er für diesen auch Sympathie entwickeln kann, bleibt er von der Figur des verschlossenen, kaum nachvollziehbar handelnden Kommissar merkwürdig unberührt.

Diese Aspekte spiegeln sich auch in der unterschiedlichen Darstellungsweise wider. Die von Glauser ausführlich genutzte Innensicht überlässt den Leser ganz und gar der Perspektive Studers, während in *Der Richter und sein Henker* eindeutig die Außensicht dominiert und der Leser ebenso Betrachter von Bärlachs Aktionen bleibt wie die übrigen Figuren im Roman. Die Nähe zum Leser wird bei Glauser auch durch häufigere Verwendung des ländlich gefärbten Idioms hergestellt, während Dürrenmatt sich diesbezüglich sehr zurückhält und eine insgesamt nicht regional gefärbte Sprache wählt.

Literaturhinweise

Textausgaben

Dürrenmatt, Friedrich: Der Verdacht. Kriminalroman. Zürich: Diogenes 1995.

Dürrenmatt, Friedrich: Das Versprechen. Requiem auf den Kriminalroman. Zürich: Diogenes 1996.

Dürrenmatt, Friedrich: Die Physiker. Eine Komödie in zwei Akten. Neufassung von 1980. Zürich: Diogenes 1998.

Dürrenmatt, Friedrich: „Anmerkung zur Komödie". In: F. D.: Theater. Essays, Gedichte und Reden. Zürich: Diogenes 1998. S. 20–25.

Dürrenmatt, Friedrich: „Theaterprobleme". In: F. D.: Theater. Essays, Gedichte und Reden. Zürich: Diogenes 1998. S. 31–72.

Sekundärliteratur (Auswahl)

Arnold, Armin: „Bärlach, Marlowe und Maigret. Romane und Erzählungen". In: Daniel Keel (Hrsg.): Über Friedrich Dürrenmatt. Zürich: Diogenes 1998. S. 277–291.

Gasser, Peter: „‚… unsere Kunst setzt sich aus etwas Mathematik zusammen und aus sehr viel Phantasie'. Zu Friedrich Dürrenmatts Kriminalromanen". In: Peter Gasser / Elio Pellin / Ulrich Weber (Hrsg.): „Es gibt kein größeres Verbrechen als die Unschuld". Zu den Kriminalromanen von Glauser, Dürrenmatt, Highsmith und Schneider. Göttingen: Wallstein / Zürich: Chronos 2009. S. 53–75.

Goertz, Heinrich: Dürrenmatt. Reinbek bei Hamburg: Rowohlt 1987.

Grimm, Gunter E.: Friedrich Dürrenmatt. Literatur Kompakt. Bd. 5. Marburg: Tectum Verlag 2013.

Jens, Walter: „Friedrich Dürrenmatts Kriminalromane". In: Daniel Keel (Hrsg.): Herkules und Atlas. Lobreden und andere Versuche über Friedrich Dürrenmatt zum siebzigsten Geburtstag. Zürich: Diogenes 1990. S. 57–64.

Knapp, Gerhard P.: Friedrich Dürrenmatt, *Der Richter und sein Henker*. Frankfurt a. M.: Moritz Diesterweg 1997.

Ott, Volker: „Der Kriminalroman". In: Otto Knörrich (Hrsg.): Formen der Literatur. Stuttgart: Alfred Kröner 1981. S. 217–223.

Pasche, Wolfgang: Interpretationshilfen. Friedrich Dürrenmatts Kriminalromane. Stuttgart/München/Düsseldorf/Leipzig: Ernst Klett Verlag 1997.

Riedlinger, Stefan: Tradition und Verfremdung. Friedrich Dürrenmatt und der klassische Detektivroman. 2., unveränderte Aufl. Marburg: Tectum Verlag 2007.

Rüedi, Peter: Dürrenmatt oder Die Ahnung vom Ganzen. Biographie. Zürich: Diogenes 2011.

Schaefer, Thomas: „Mord in der Idylle“. In: Die Zeit. 12. Juli 1996. www.zeit.de/1996/29/Mord_in_der_Idylle [Letzter Zugriff: 7.2.2018].
Seifert, Walter: Friedrich Dürrenmatt, *Der Richter und sein Henker*. Interpretation. München: Oldenbourg 1975.
Whitton, Kenneth S.: Dürrenmatt: Reinterpretation in Retrospect. New York / Oxford / München: Berg 1990.
Vogt, Jochen: „Krimis, Antikrimis, ‚Gedanken‘-Krimis. Wie Friedrich Dürrenmatt sich in ein gering geschätztes Genre einschrieb“. In: Sigrid Thielking / Jochen Vogt (Hrsg.): Beinahekrimis – Beinahe Krimis!?. Bielefeld: Aisthesis Verlag 2014. S. 51–73.

Stichwortverzeichnis

NOTIZEN: